Longman A-V French

D'accord

Sidney Moore

Les Antrobus

Gordon Pugh

Linguistic consultant
Elisabeth Escalier des Orres

Longman

Components of D'accord

Stage 1
Pupil's Book
Teacher's Book
Flashcards
Filmstrips
Flashcards
Recordings

Stage 2
Pupil's Book
Teacher's Book
Filmstrips
Recordings

Stage 3
Pupil's Book
Teacher's Book
Recordings

Longman A-V French Course

<table>
<tr><td>Year 1</td><td colspan="2">D'accord 1</td><td>Stage A1</td><td colspan="2" rowspan="2">Stage A1</td></tr>
<tr><td>Year 2</td><td colspan="2">D'accord 2</td><td>Stage A2</td></tr>
<tr><td>Year 3</td><td colspan="2">D'accord 3</td><td>Stage A3</td><td colspan="2">Stage A2</td></tr>
<tr><td>Year 4</td><td>Stage A3</td><td>Stage B3</td><td>Stage A4</td><td>Stage A3</td><td>Stage B3</td></tr>
<tr><td>Year 5</td><td>Stage A4 (O level)</td><td>Stage B4 (CSE)</td><td>Stage A5 (O level)</td><td>Stage A4 (O level)</td><td>Stage B4 (CSE)</td></tr>
<tr><td>Year 6</td><td colspan="5">Au Courant Level One</td></tr>
<tr><td>Year 7</td><td colspan="5">Au Courant Level Two (A level)</td></tr>
</table>

LONGMAN GROUP UK LIMITED *Longman House, Burnt Mill, Harlow, Essex CM20 2JE, England and Associated Companies throughout the world.*

First published 1982
Eighth impression 1992
ISBN 0 582 31044 X

The Publisher's policy is to use paper manufactured from sustainable forests.

Produced by Longman Singapore Publishers Pte Ltd
Printed in Singapore

Foreword

Longman A-V French is a system of integrated materials providing alternative teaching programmes up to the examinations in French at sixteen and eighteen.

D'accord 1 is a completely revised and updated version of *Longman A-V French Stage A1*. New features include additional aural comprehension exercises *(Listening Practice)*, survival dialogues and phrase banks, emphasising the functional use of language, sections of information about everyday life in France, more photos, notices and signs, and regular self-tests *(Checkpoints)*.

Greater emphasis is placed on receptive language, while productive language practice concentrates on effective and appropriate expression of needs and responses, rather than on accurate but stilted language.

The original texts, conversations and exercises have been re-shaped, taking full account of recent developments in modern language teaching. The underlying progression remains structural and situational, although the course now covers all areas required by unit credit schemes and graded objective tests.

D'accord 1 is accompanied by new recordings of the introduction and conversations of each *leçon,* and of the aural comprehension exercises.

Teachers are recommended to consult the new *Teacher's Book,* which gives details of the vocabularly and new structures of each *leçon* together with the texts of aural comprehension exercises and suggestions for extension and development. Suggestions are also made for the effective use of components acquired with earlier versions of *Longman A-V French.*

Acknowledgements

We are indebted to the Maurice Carême Foundation for permission to use his poems 'Moi' from *le Moulin de Papier* Nathan, Paris 1973 and 'Mon Petit Chat' from *La Lanterne Magique* Editions ouvrières, Paris 1947.

We are grateful to the following for permission to reproduce photographs: A.L. Antrobus, pages 13 above, 22 above, 23 below and 95; Documentation Française, pages 20 (Bodiansky), 54, 55 (Yan/J. Dieuzaide), 75 above right (Jean Pottier) and 79 below centre (P. Almasy); Brendan Hearne, pages 23 above, 54, 75 above left and 79 above right, below left and below right; S. Moore, pages 79 above left and 107 left; Rapho, pages 33 (Bajande), 43 (Nadau), 79 above centre (Phelps) and 87 (Pougnet); Jean Ribière, pages 65 left and 75 below left and below right; Topham, pages 59 (Antman), 65 right, 74 (Antman) and 97 right (IPA). Photograph on page 13 by Keith Gibson; page 22 centre and below Longman Photo Library.

Contents

	page	how to . . .	Grammar/Structures
Introduction	6	say who people are say the names of things in the classroom	qui est-ce? qu'est-ce que c'est? c'est/ce sont un, une, des
1 **La famille Marsaud** L'alphabet *When French people meet*	8 11 13	talk about the family meet and greet people say what your name is spell in French count up to 12 ask for help	où est . . . ? il/elle est le/la . . . de voici
2 **Chez nous en France**	14	talk about the house say where something is say where people are say where you live count up to 100	voilà un, une, des il/elle est ils/elles sont le, la, les *prepositions*
3 **A table** Quelle heure est-il? *What time things happen*	18 22 23	talk about what's on the table ask and say how many say what you like and dislike say how old you are tell the time say what day it is	il y a du, de la, de l', des il y en a il n'y en a pas est-ce que . . . ? combien . . . ?
4 **Dépêche-toi, Claudette!**	24	say what you are doing say what others are doing ask questions say at what time you do things	*-er verbs, singular* est-ce que . . . ? à quelle heure . . . ?
5 **Au collège** En ville *At school in France*	28 32 33	say what you and your friends are doing say what others are doing ask for directions	*-er verbs, plural*
6 **Dans le jardin**	34	say where you are say where others are ask where someone is say the names of pets	être où . . . ?
7 **Une leçon de géographie** Quelle est la date? Mon beau sapin Joyeux Noël Il est né le divin enfant	38 42 42 43 43	talk about countries and capitals of Europe tell people to do things make suggestions talk about school express good wishes say the date	*imperative of -er verbs* du, de la, de l'
Checkpoints I	44		
8 **A la ferme** A la campagne	46 49	talk about where you live talk about colour talk about the countryside say the names of farm animals	près de / loin de *adjectives* petit, grand
9 **A l'épicerie** L'argent français *Shopping in France*	50 54 55	say what you have say what you don't have talk about money ask for things in shops	avoir ne . . . pas je n'ai pas de
10 **Au printemps** Les vêtements	56 59	describe things say what people are wearing say where things are from talk about the seasons	beau *adjectives of nationality*

	page	*how to . . .*	*Grammar/Structures*
11 **La matinée**	60	say where people are going	aller
Modes of transport	64	make arrangements to meet	à, à la, à l', au
Transport in France	65	ask for information	en ville
		say how you travel	*numbers* 100+
12 **Le vendredi soir**	66	talk about finishing	*-ir verbs*
		talk about giving	offrir
		say when and how often you do things	
13 **Après les cours**	70	talk about buying things	acheter
Sport and leisure	75	say you're hot/cold	avoir chaud/froid
		say you're hungry/thirsty	avoir faim/soif
		say what you like doing	jouer au/aux
		talk about playing games	
14 **A la gare**	76	say what you are going to do	aller + *infinitive*
		say when you are going to do things	
		ask for information	
Checkpoints II	80		
15 **Un jour de pluie**	82	say who things belong to	mon, ma, mes
Le corps humain	85	talk about household jobs	ton, ta, tes
Quel temps fait-il?	86	say the names of parts of the body	son, sa, ses
The climate	87	talk about the weather	nettoyer
16 **On fait du camping**	88	say what people are doing and saying	dire
		say "this" and "that"	faire
		say things are yours	ce, cette, ces
		say who things belong to	-ci, -là
			de *of possession*
			à moi, toi
17 **Au cirque**	92	say what people can see	voir
Au zoo	96	say who owns things	on
French cheese and wine	97	make suggestions	notre, nos
		say where things and places are	votre, vos
		say the names of animals	leur, leurs
			prepositions
18 **Au bord du lac**	98	talk about doing things	*-re verbs*
Rédaction: Au camping	101	say you're feeling ill	
		write a composition in French	
19 **Un paresseux**	102	talk about getting ready	*reflexive verbs*
Rédaction: Le professeur est en retard	106	say what you are going to do	
The French on holiday	107		
20 **En vacances**	108	talk about coming and going	venir
		talk about sitting down and being seated	s'asseoir/être assis
		talk about holiday plans	
Checkpoints III	112		
Encore des chansons!	114		
Grammar and Practice	115		
Verbs	122		
Vocabulary	124		
Index to Grammar summary	129		

Introduction

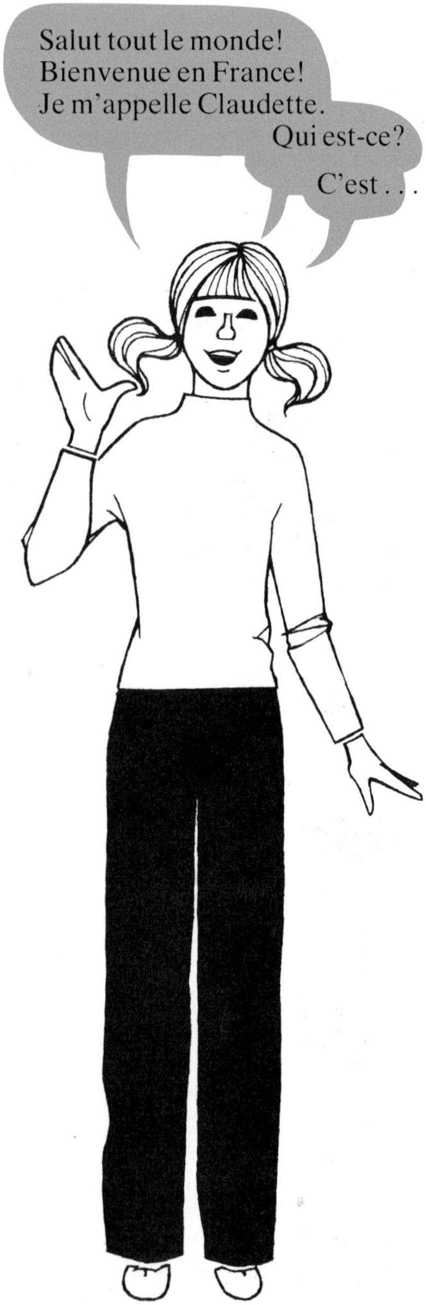
Salut tout le monde!
Bienvenue en France!
Je m'appelle Claudette.
Qui est-ce?
C'est . . .

Hello everyone! Welcome to France! My name is Claudette. In this book you'll learn to understand French and to make yourself understood by French people. You'll also learn to talk about yourself, and how to ask for the things you want. You'll be seeing quite a lot of my family and friends, and finding out what we do and say.
Bonne chance et bon courage!

Here are the rest of my family . . .

papa — maman — Marie-France — Jean-Paul — . . . et Bruno!

And here's a map of France. Do you recognise some of the names of the towns?

Calais
Dunkerque
Boulogne
Lille
LA MANCHE
Dieppe
Cherbourg
Le Havre
Rouen
Reims
Paris
Nancy
Strasbourg
St. Malo
Rennes
Le Mans
Tours
Dijon
Nantes
ALPES
Limoges
Lyon
St. Etienne
Grenoble
Bordeaux
Nice
Toulouse
Marseille
Lourdes
PYRENEES
MEDITERRANEE

La carte de la France

Bonjour les enfants!
Je m'appelle Monsieur Lafayette.
Je suis le professeur de Jean-Paul.

When I tell Jean-Paul to do something, I say . . .

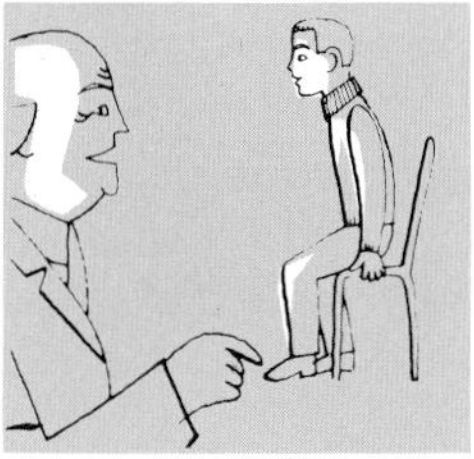

Assieds-toi, Jean-Paul!

Lève-toi, Jean-Paul!

Jean-Paul, ouvre la porte!

Jean-Paul, ferme la fenêtre, s'il te plaît!

Here are some more things your teacher might say . . .

. . . to you		**. . . to the class**
Lève-toi!	*Stand up!*	Levez-vous!
Assieds-toi!	*Sit down!*	Asseyez-vous!
Ouvre la porte.	*Open the door.*	Ouvrez la porte.
Ferme la fenêtre.	*Close the window.*	Fermez la fenêtre.
Viens ici!	*Come here!*	Venez ici!
Regarde . . .	*Look (at) . . .*	Regardez . . .
Ecoute . . .	*Listen (to) . . .*	Ecoutez . . .
Répète . . .	*Repeat . . .*	Répétez . . .
Dépêche-toi!	*Hurry up!*	Dépêchez-vous!

Qu'est-ce que c'est?

 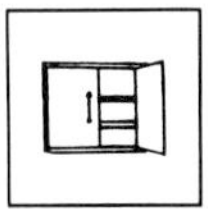    

C'est un . . . cahier, placard, livre, collège, tableau noir, stylo

C'est une . . . pendule, salle de classe, table, chaise, carte, règle

 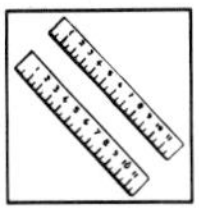    

Ce sont des . . . livres, règles, enfants, élèves, crayons, chaises

1 La famille Marsaud

leçon un
première leçon

In this lesson you will learn
how to talk about the family
what to say when you meet people
how to ask for help in speaking French
how to spell in French

R Introduction

Voici la famille Marsaud.

Monsieur Marsaud est le père de la famille. Il est dans le jardin.

Madame Marsaud est dans la cuisine. Elle est la femme de M. Marsaud et la mère des enfants.

Voici Marie-France. Elle est la fille de M. et de Mme Marsaud.

Voici Claudette. Elle est aussi la fille de M. et de Mme Marsaud.

Et voici Jean-Paul avec Marie-France et Claudette. Jean-Paul est le fils de M. et de Mme Marsaud. Il est le frère de Marie-France et de Claudette. Marie-France est la sœur de Jean-Paul et de Claudette.

What's it all about?

1 How many people are there in the family?
2 Who is in the garden?
3 Who is in the kitchen?
4 Who is Madame Marsaud?
5 What are the daughters' names?
6 Who is Monsieur Marsaud's son?
7 How many sisters has he?
8 Who is Marie-France?
9 Who is her brother?
10 Whose sister is Claudette?

Conversations

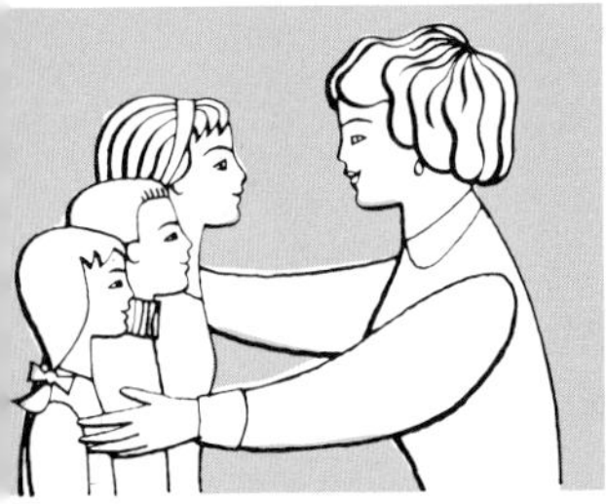

onjour les enfants!

A *In the morning*

MARIE-FRANCE	Bonjour maman!
MME MARSAUD	Bonjour les enfants!
JEAN-PAUL	Bonjour maman! Ça va?
MME MARSAUD	Oui, ça va bien, merci. Et toi?
JEAN-PAUL	Oh, pas mal.

What does Mme Marsaud say to the children?
What do they say to her?

ù est Jean-Paul?

B *In the afternoon*

MME MARSAUD	Mais où est Jean-Paul?
M. MARSAUD	Est-il dans la cuisine?
MME MARSAUD	Non. Est-ce qu'il est dans le jardin?
CLAUDETTE	Ah oui. Regarde, maman. Il est dans le jardin.
MARIE-FRANCE	Jean-Paul! Viens ici . . .
JEAN-PAUL	J'arrive. Bonjour tout le monde.
MARIE-FRANCE	En retard, comme toujours!

Where has Jean-Paul come from?
Is he usually late?

onsoir tout le monde.

C *In the evening*

CLAUDETTE	Ah, voici Marie-France enfin.
MARIE-FRANCE	Bonsoir papa. Bonsoir tout le monde.
JEAN-PAUL	En retard, comme toujours, hein, Marie-France? J'ai faim!
MARIE-FRANCE	Comme toujours, hein, Jean-Paul?

Qui arrive?
Est-elle en retard?

istening practice

It's lunchtime and Mme Marsaud is trying to find the rest of the family. Listen to the conversation and try to discover where everyone is.

onsoir maman. Bonsoir apa.
onjour monsieur!
alut Marc.
onjour les enfants!
onsoir tout le monde.
onjour madame!
ean-Paul! Viens ici.

What do they say? (Find the answers in the box.)

1 Mme Marsaud greets her children in the morning.
2 Marie-France returns home in the evening.
3 Jean-Paul meets M. Lafayette on the way to school.
4 Jean-Paul meets his friend on the way home.
5 Claudette calls Jean-Paul in from the garden.
6 Monsieur Marsaud arrives home from work.
7 Mme Marsaud meets Mme Lafayette in the street.

pratique

Asking and saying who people are

Voici une famille française. C'est la famille Nicolas.

1. What would you say to the Nicolas family if you met each of them in the street?
exemple

C'est Madame Nicolas.

Bonjour Madame Nicolas.

1 

C'est Madame Nicolas.

2 

C'est Monsieur Nicolas.

3 

C'est Hélène.

4 

C'est Claudette? Non, c'est Cécile.

5 

C'est Alain? Oui, c'e Alain.

Asking and saying where people are

Où est Alain?	Il est	dans la cuisine.
Où est Cécile?	Elle est	dans le jardin.

2. The Nicolas family are visiting the Marsauds for the day. It's lunch-time. Where is everyone?
exemple

Où est M. Nicolas?
Il est dans la cuisine.

1 

Où est Jean-Paul?

2 

Où est Marie-France?

3 

Où est Claudette?

4 

Où est Cécile?

5 

Où est Bruno?

Introducing people and talking about the family

C'est	Alain. Jean-Paul. M. Marsaud. Claudette. Hélène.

C'est	le	fils frère	de	Mme Nicolas Marie-Franc
	l'	ami	de	M. Nicolas.
	la	fille sœur	de	Mme Marsau
			d'	Alain.

3. M. Lafayette is very forgetful. Can you tell him who these people are?
exemple

Alain

C'est Alain.
C'est le fils de Monsieur Nicolas.

1 

Jean-Paul

2 

M. Nicolas

3 

Marie-France

4 

Claudette

5 

Hélène

moi et toi

Meeting people

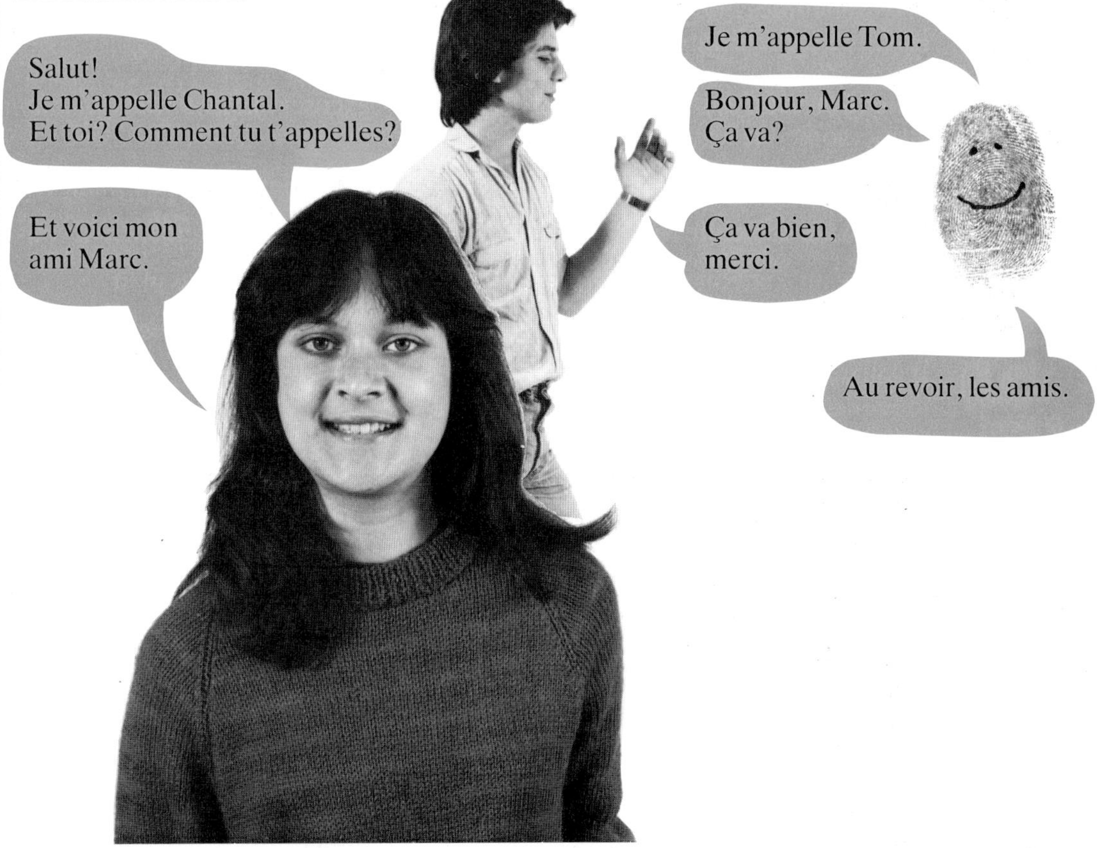
Salut!
Je m'appelle Chantal.
Et toi? Comment tu t'appelles?
Et voici mon ami Marc.
Je m'appelle Tom.
Bonjour, Marc. Ça va?
Ça va bien, merci.
Au revoir, les amis.

	You say
To greet someone in French	Bonjour! Salut!
To say your name	Je m'appelle . . .
To ask someone's name	Comment tu t'appelles?
To ask how someone is	Ça va?
To say you are well	Ça va bien, merci.
To reply that you're not feeling too bad	Pas mal, merci.
When you're leaving someone	Au revoir!
When you want to introduce someone	C'est *mon ami Marc.*

Activités

A. Walk round the classroom and hold a conversation like the one above with your friends. Introduce your friends to each other, using French names. Shake hands when you meet.

R **B.** You can sing the alphabet in French to the tune of Auld Lang Syne. Listen to it on the recording and then practise spelling your name.

renseignez-vous

When you first start speaking French you may sometimes find you need to ask for help. Here are some phrases you will find useful.

	You say
When you want to interrupt someone or attract someone's attention	Excusez-moi, *monsieur/madame.*
If you don't understand	Je ne comprends pas, *mademoiselle.*
If you want someone to speak more slowly	Parlez plus lentement, s'il vous plaît.
If you want someone to repeat something	Répétez, s'il vous plaît.
If you want to say thank you	Merci, *monsieur/madame/mademoiselle.*
If you want to know how to say something in French	Comment dit-on . . . en français?
If you want to know the English meaning of a French word	Qu'est-ce que . . . veut dire en anglais?
If you want to know how to spell a word	Comment ça s'écrit?

Activités

Mon Album Français

A. Start to keep a French scrapbook. Label the cover *Mon album français* and decorate it in a suitable way, with pictures of France, French stamps, labels or postcards. The scrapbook will be used to collect interesting items and information about France and French-speaking countries. Suggestions will be made for the use of the scrapbook, but you should also try to think up ideas of your own. Start to keep a list of new words in your scrapbook.
Under suitable headings (e.g. *Dans la salle de classe; A la maison*) draw pictures of objects whose French names you know, and label them in French, or stick in pictures which you have cut out from magazines.

B Find their friends!
exemples

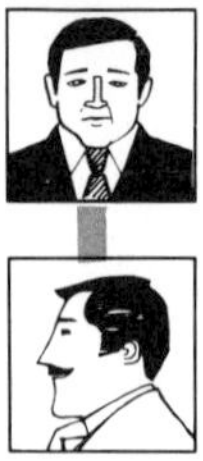

M. Nicolas est l'ami de M. Marsaud.

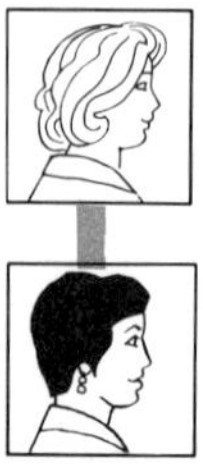

Mme Marsaud est l'amie de Mme Nicolas.

1
Jean-Paul
2
Hélène
3
Alain
4
Mme Nicolas
Cécile
Mme Marsaud
Marie-France
Claudette

France-info

When French people meet

In France people of all ages greet each other politely whenever they meet, and especially when they meet for the first time in the day. Everybody shakes hands with everyone else. A lot of people exchange a friendly kiss (on the cheek!) once, twice or even three times on alternate cheeks.

A. What might these people be saying to each other? Make up a short conversation between a group of friends who are meeting for the first time in the day. Give each one a French name.

Les nombres

There are numbers everywhere in France. The figures often look the same but hand-written numbers are sometimes different.

1	2	3	4
un	deux	trois	quatre
5	6	7	8
cinq	six	sept	huit
9	10	11	12
neuf	dix	onze	douze

B. Practise the numbers you can see in these pictures.

2

PARIS
3 Km

1,00

10
CENTIMES
1977

9

12 fr.

2 Chez nous en France

leçon deux
deuxième leçon

In this lesson you will learn
how to talk about the house
how to say where something is
how to say where people are
how to say where you live

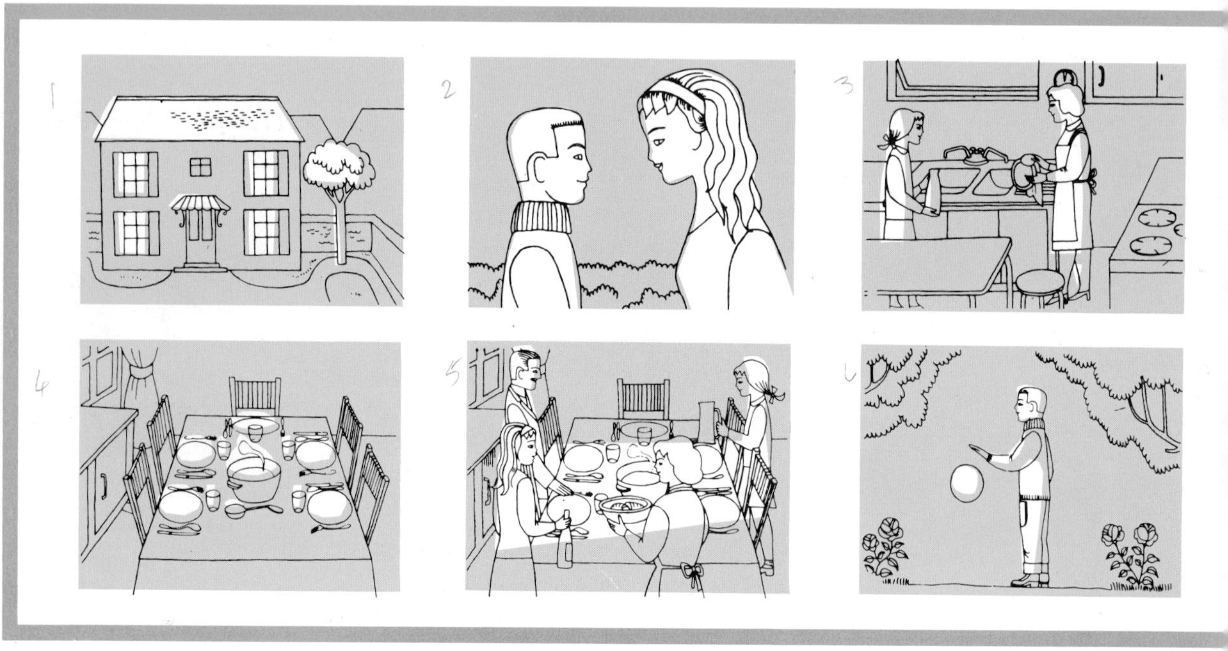

R Introduction

Voici une maison. C'est la maison de la famille Marsaud.

Voilà Marie-France avec Jean-Paul. Ils sont dans le jardin.

Mais où sont Claudette et Madame Marsaud? Elles sont dans la cuisine.

C'est l'heure du déjeuner. Le déjeuner est prêt. La soupe est sur la table dans la salle à manger.

Est-ce que tout le monde est dans la salle à manger?

Mais non; où est Jean-Paul? Il est toujours dans le jardin!

What's it all about?

1 Whose house is it?
2 Who is with Jean-Paul?
3 Where are they?
4 Where are Claudette and her mother?
5 What time of day is it?
6 What's on the table?
7 Where is the table?
8 Is everyone there?
9 Who is missing?
10 Where is he?

Voilà M. Marsaud dans la rue.

R Conversations

A

MME MARSAUD	Vite, les enfants! Le déjeuner est prêt. Asseyez-vous dans la salle à manger.
CLAUDETTE	Où est papa?
MARIE-FRANCE	Le voilà. Il est dans la rue.
MME MARSAUD	Bon, il est à l'heure.

What must the children do, and why?
Where is M. Marsaud?
Is he late?

Jean-Paul est toujours dans le jardin.

B

MME MARSAUD	Mais où est Jean-Paul?
MARIE-FRANCE	Est-il dans la salle de bains?
CLAUDETTE	Non. Il est toujours dans le jardin!
MARIE-FRANCE	Vite, Jean-Paul. Dépêche-toi!

Where does Marie-France think Jean-Paul is?
Is he in the kitchen?

Le déjeuner est prêt.

C

M. MARSAUD	Bonjour, tout le monde. Le déjeuner est prêt?
MME MARSAUD	Mais oui. Il est sur la table.
CLAUDETTE	Jean-Paul est encore en retard, papa.
M.MARSAUD	Viens ici, Jean-Paul, et dépêche-toi! . . .
JEAN-PAUL	J'arrive , papa. Ah bon, le déjeuner est prêt. J'ai faim, moi.
CLAUDETTE	Comme toujours!

Où est le déjeuner?
Est-il prêt?
Qui est encore en retard?

Listening practice
R

It's lunchtime at the Nicolas house too. Who is on time for lunch and who is late? Listen and see if you can find out.

Where are they? Find the answers in the box.

1 Où est Jean-Paul?
2 Où sont Jean-Paul et Monsieur Marsaud?
3 Où est Claudette?
4 Où sont Madame Marsaud et Marie-France?
5 Où sont Jean-Paul et Claudette?
6 Où sont les filles?
7 Où sont M. et Mme Marsaud?

> Il est dans le jardin.
> Elle est dans le jardin.
> Ils sont dans le jardin.
> Elles sont dans le jardin.

pratique

Pointing to things and people and saying where they are

Où sont-ils?

Voilà	un	garçon. stylo.	Il est	dans le jardin. sur la table.
	des	garçons. crayons.	Ils sont	au collège. dans le placard.

Où sont-elles?

Voilà	une	fille. règle.	Elle est	dans la cuisine. sur le placard.
	des	filles. chaises.	Elles sont	à la maison. dans la salle de classe.

1. a) Can you help M. Lafayette?
Point to the objects in the pictures, and say where they are.

exemple
Voilà un stylo.
Il est sur la table.

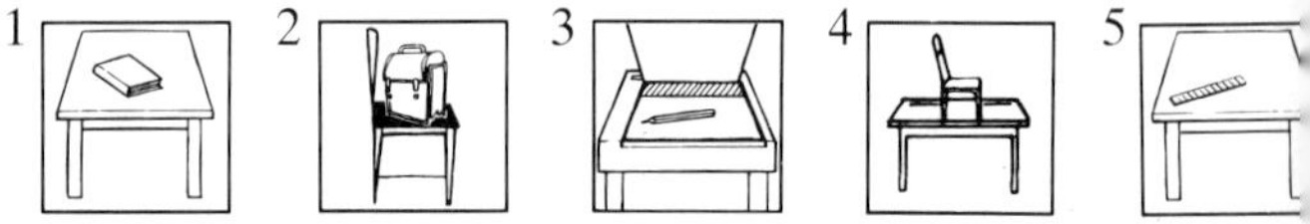

b) M. Lafayette asks where each of the things is.
exemple Où est le stylo?
Il est sur la table.

Practise with a partner.
Take it in turns to be M. Lafayette.

2. Here are the cupboard and table from Monsieur Lafayette's classroom.

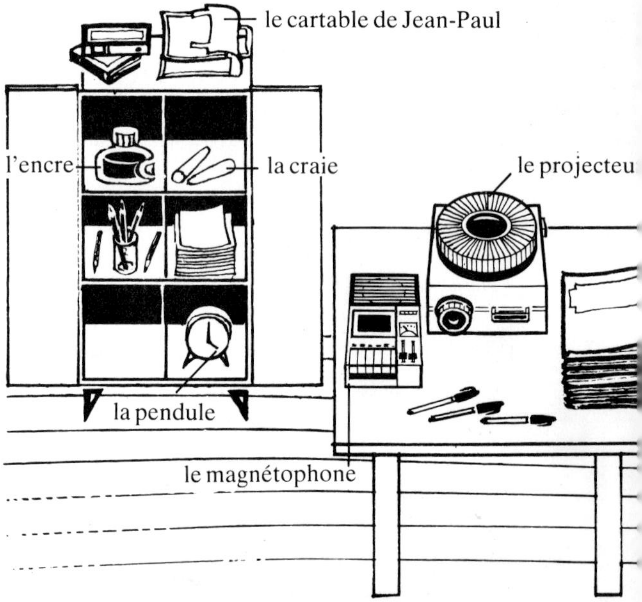
le cartable de Jean-Paul
l'encre
la craie
le projecteu
la pendule
le magnétophone

a) Answer the questions about where everything is.
exemples
Où est le magnétophone?
Il est sur la table.
Où sont les crayons?
Ils sont dans le placard.

1 Où sont le placard et la table?
2 Et la craie?
3 Et l'encre?
4 Et les cahiers?
5 Et le cartable de Jean-Paul?
6 Et le papier?
7 Et les livres?
8 Et les stylos?
9 Et la pendule?
10 Et le projecteur?

b) Work with a partner, taking it in turns to ask the questions.

Notez bien

le la l'	livre table encre	les	livres tables cahiers

moi et toi

Talking about where you live and where you are

Salut, les amis!
Moi, j'habite en France.
J'habite une maison.

Moi, j'habite à Paris.
J'habite un appartement.
En ce moment je suis au collège.

Où tu habites, Marc?

Où es-tu, Chantal?

	You say	
To say which country you live in	J'habite	*en Angleterre.* *en Ecosse.* *en Irlande.* *au Pays de Galles.*
To say what sort of place you live in	J'habite	*une maison.* *un appartement.*
To say where you are	Je suis	*à la maison.* *dans la salle de classe.*

Activités

Mon Album Français

A. Start to make a plan of your home for your scrap-book; label the rooms, and draw and label the pieces of furniture whose names you know. Add the other rooms and furniture as you meet them. (In French of course!)

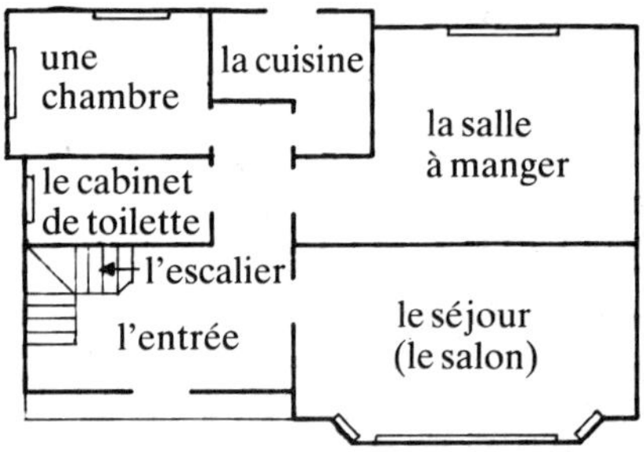
une chambre
la cuisine
la salle à manger
le cabinet de toilette
l'escalier
l'entrée
le séjour (le salon)

B. Encore des nombres
See if you can count up to 100.
Here are the key numbers. It's easy once you spot the pattern!

		19	dix-neuf	40	quarante	79	soixante-dix-neuf
13	treize	20	vingt	50	cinquante	80	quatre-vingts
14	quatorze	21	vingt et un	60	soixante	81	quatre-vingt-un
15	quinze	22	vingt-deux	70	soixante-dix	82	quatre-vingt-deux
16	seize	30	trente	71	soixante et onze	90	quatre-vingt-dix
17	dix-sept	31	trente et un	72	soixante-douze	91	quatre-vingt-onze
18	dix-huit	32	trente-deux	73	soixante-treize	100	cent

3 A table

leçon trois
troisième leçon

In this lesson you will learn
how to say what you like and dislike
how to say how old you are
how to tell the time
how to ask and say how many

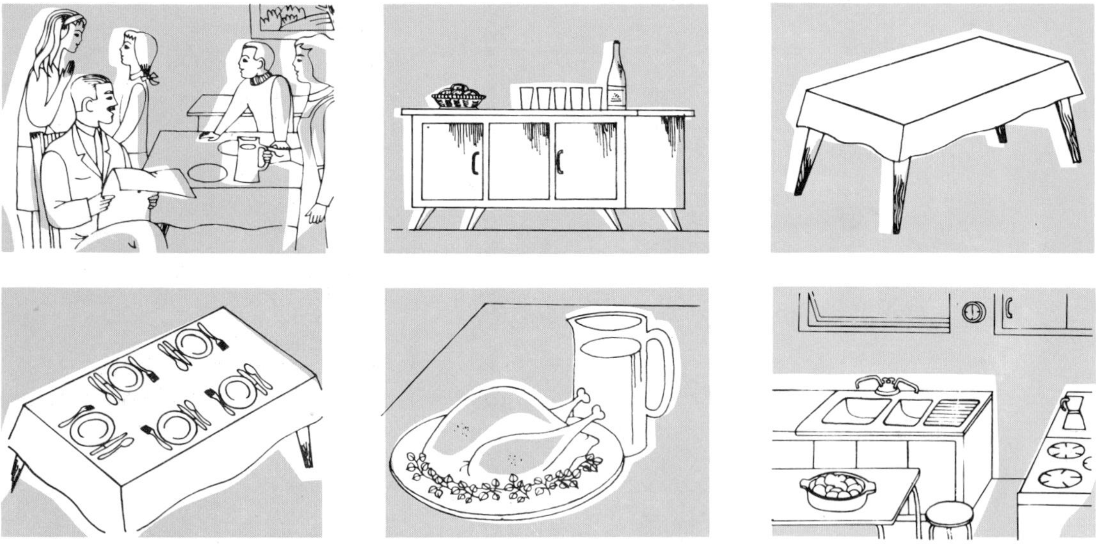

Introduction

Les Marsaud sont dans la salle à manger. C'est l'heure du dîner.

Sur le buffet il y a une bouteille de vin et cinq verres. Il y a aussi du pain. Le pain est sur le buffet avec le vin.

Est-ce qu'il y a une nappe? Oui, il y en a une sur la table.

Sur la nappe il y a cinq couteaux, cinq fourchettes et cinq cuillers. Ça fait cinq couverts. Est-ce qu'il y a des assiettes? Oui, il y en a cinq.

Sur la table il y a un poulet et de l'eau.

Il y a aussi des pommes de terre, mais elles sont toujours dans la cuisine.

What's it all about?

1. Where are the family?
2. What time of day is it?
3. What is in the bottle?
4. Where is the bottle?
5. Where is the bread?
6. Where is the tablecloth?
7. What is on the table?
8. How many places are laid?
9. What is there to eat?
10. What is still in the kitchen?

Conversations

A table, tout le monde.

A

MME MARSAUD	A table, tout le monde.
CLAUDETTE	Le dîner est prêt.
JEAN-PAUL	Enfin! Que j'ai faim!
M. MARSAUD	Tais-toi, Jean-Paul!
CLAUDETTE	Gros gourmand!

Why does Mme Marsaud call the family to the table?
Who is very hungry?

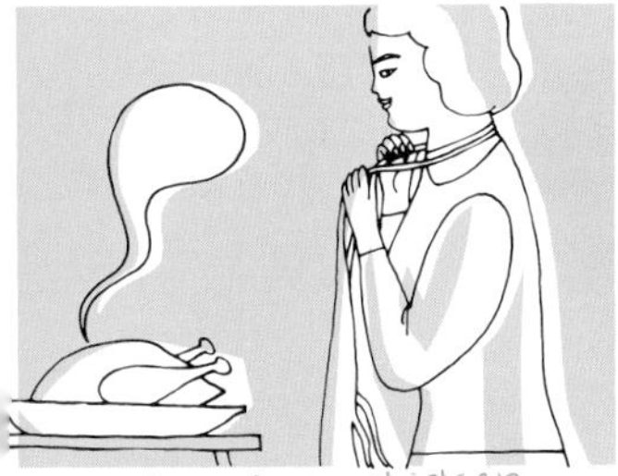

. . . et puis du poulet.

B

MARIE-FRANCE	Qu'est-ce qu'il y a pour le dîner, maman?
MME MARSAUD	D'abord il y a de la soupe.
JEAN-PAUL	Ah, j'aime la soupe!
MME MARSAUD	Et puis du poulet.
JEAN-PAUL	Ah, j'aime le poulet!
CLAUDETTE	Il y a aussi des pommes de terre.
JEAN-PAUL	Ah, j'aime les pommes de terre!
M. MARSAUD	Tais-toi, Jean-Paul! Et assieds-toi!

What's for dinner?
What does Jean-Paul like?

Il y a du vin sur le buffet.

C

M. MARSAUD	Est-ce qu'il y a du fromage?
MME MARSAUD	Non, il n'y en a pas. Mais il y a des fruits.
M. MARSAUD	Est-ce qu'il y a du vin?
MME MARSAUD	Mais oui, il y en a sur le buffet.
MARIE-FRANCE	Et il y a de l'eau sur la table pour Jean-Paul.
JEAN-PAUL	Ah non, je préfère le vin, moi!

Est-ce qu'il y a du fromage?
Où sont le vin et l'eau?

Listening practice

The Marsauds are having a party. They've had to borrow and buy a lot of things which are all on the sideboard. How many are there of each?

Pauvre Jean-Paul!
Jean-Paul isn't getting much to eat today. What does his mother say when he asks her these questions? Look at the picture and choose the right answer from the box.

1 Est-ce qu'il y a du pain, maman?
2 Est-ce qu'il y a du vin?
3 Il y a du fromage?
4 Il y a des fruits?
5 Est-ce qu'il y a du poulet?
6 Est-ce qu'il y a de l'eau?
7 Il y a de la soupe, maman?

Oui, il y en a.
Non, il n'y en a pas.

pratique

Asking and saying what's for lunch or dinner

Qu'est-ce qu'il y a pour le déjeuner? (le dîner?)

Il y a	du	pain.
	de la	soupe.
	de l'	eau.
	des	fruits.

1. Cécile Nicolas is very hungry. She asks her mother what's for dinner.
What does Mme Nicolas reply?

exemple 

de la
1 

de l'
2 

des
3 
4 

du
5 
6 

Qu'est-ce qu'il y a pour le dîner, maman?
Il y a du pain.
Et quoi encore?

Est-ce qu'il y a	du vin? un couteau? une fourchette? des assiettes? de l'eau? de la soupe?

Oui, il y en a.	
Oui, il y en a	un. une. cinq.
Non, il n'y en a pas.	

2. Qu'est-ce qu'il y a sur la table?
1 Est-ce qu'il y a une nappe?
2 Est-ce qu'il y a des assiettes?
3 Est-ce qu'il y a du pain?
4 Il y a des verres?
5 Il y a des bouteilles?
6 Il y a du vin?
7 Est-ce qu'il y a de l'eau?
8 Il y a un couteau?
9 Il y a des fruits?
10 Est-ce qu'il y a du fromage?

Le déjeuner de la famille Nicolas

3. Work with a partner. Take it in turns to ask each other questions about the photo.

exemples
Qui est-ce?
Où sont les Nicolas?
Il y a du pain?
Où est M. Nicolas?
Où est Cécile?
Qu'est-ce qu'il y a sur la table?
Qu'est-ce qu'il y a pour le déjeuner?
Est-ce qu'il y a des pommes de terre?
Il y a combien de bouteilles?

moi et toi

Saying how old you are

Aujourd'hui c'est mon anniversaire.

Moi, j'ai 99 ans.

Bon anniversaire, Marc! Quel âge as-tu?

J'ai dix-neuf ans.

Voilà un cadeau pour toi.

Merci! Ah, c'est une boîte de chocolats. J'aime bien les chocolats.

Moi aussi.

Moi non! Je n'aime pas les chocolats!

	You say
To say how old you are	J'ai . . . ans.
When you give something to someone	Voilà *un*/*une* . . . pour toi.
To say you like something	J'aime (bien) *le* / *la* / *les*. . .
To agree with someone	Moi aussi.
To disagree with someone	Moi non! / Moi pas!
To say you don't like something	Je n'aime pas *le* / *la* / *les* . . .

A. Do you agree? What would you say in reply to these people?
exemple

J'aime le vin.

Moi aussi, (j'aime le vin.)

Moi non! (Je n'aime pas le vin.)

1  J'aime le poulet.

4  J'aime la soupe.

2  J'aime l'eau.

5  J'aime les fruits.

3  J'aime le fromage.

6  J'aime le français.

Et quoi encore? *What else do you like?*

Et toi? Quel âge as-tu?

B. How old are they? What would they reply if you asked them?

11

exemple
Quel âge as-tu?
J'ai onze ans.

1 
17

2 
12

3 
10

4 
18

renseignez-vous

Quelle heure est-il?

Il est une heure.

Il est huit heures.

Il est midi.

Il est douze heures.

Il est minuit.

Il est cinq heures et quart.

Il est une heure et demie.

Il est sept heures moins le quart.

Il est midi et demi.

Il est douze heures trente.

Il est midi cinq.

Il est deux heures vingt.

Il est trois heures moins cinq.

Il est minuit moins vingt.

1. Quelle heure est-il à l'horloge?

2. Quelle heure est-il à la pendule?

Limit
3:05 46
Quartz
3. Quelle heure est-il à la montre?

Listening practice

R

L'horloge parlante Listen to the "speaking clock" and write down the time.
exemple «Au quatrième 'top' il sera huit heures vingt, et dix secondes.»

08-20-10

Combien y en a-t-il?
Il y a . . .

un garçon

une fille

deux pommes

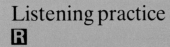

trois chiens

quatre bananes

cinq poires

six carottes

sept tomates

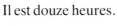

huit pêches

neuf oignons

dix oranges
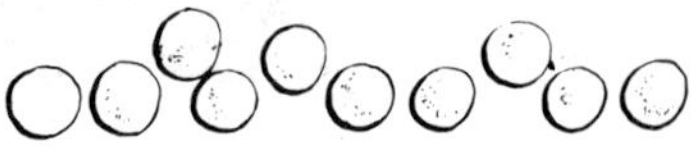

Répondez s'il vous plaît.

a) *exemple* Combien de garçons y a-t-il?
Il y en a un.
Il y a un garçon.

1 Combien de filles y a-t-il?
2 Combien de pommes y a-t-il?
3 Il y a combien de chiens?
4 Il y a combien de bananes?
5 Combien d'oignons y a-t-il?
6 Il y a combien d'oranges?
7 Combien de pêches y a-t-il?
8 Il y a combien de carottes?

b) *exemple*
Combien de chats y a-t-il?
Il n'y en a pas.

9 Combien de poulets y a-t-il?
10 Il y a combien de pommes de terre?

France-info

What time things happen

In France most shops stay open later than in Britain. They are usually open until at least 6.30 in the evening, and on some evenings they may not close until 10 p.m.

Many shops are closed all day on Sundays (*le dimanche*) and Mondays (*le lundi*), and from 12.30 until 2 p.m. on other days, for lunch.

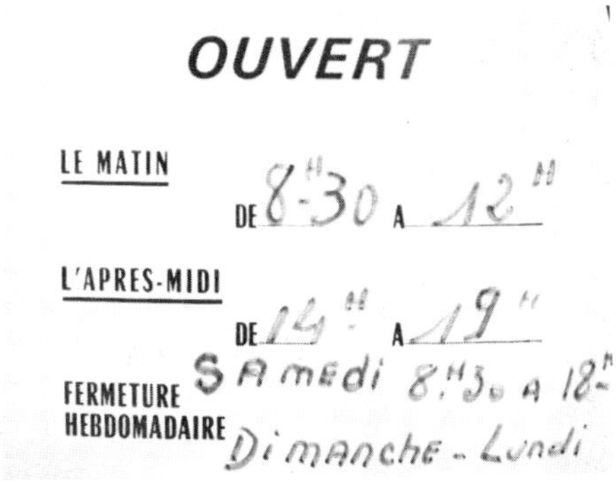
OUVERT
LE MATIN
DE 8H30 A 12H
L'APRES-MIDI
DE 14H A 19H
FERMETURE HEBDOMADAIRE
Samedi 8H30 à 18H
Dimanche - Lundi

Cinemas in France usually stay open quite late. The last showing of *le grand film* may well start around midnight in the larger cities.

CINEMA REX
Séances à
14h30
18h45 22h15
PRIX DES PLACES 15F, 25F

CE SOIR A LA TV

20 H 00	TELE ACTUALITE SOIR
20 H 30	COMMENT ÇA VA? De L. Groguhet.
20 H 45	SPORT AVANT PREMIERE
21 H 00	KOJAK «Requiem pour un flic»
21 H 50	THEATRE CHEZ NOUS Réalisé par C.A. KARIM
22 H 50	DERNIERE HEURE
23 H 00	CINENUIT «Quai du point du jour» avec : Dany Carel Raymond Bussieres – Annette Poivre – Sylvie.
00 H 30	FIN DES EMISSIONS

DIMANCHE 10 FEVRIER

The 24 hour clock is widely used in France, especially for timetables (at the station, on radio and television, at the cinema). So:

13h = 1 pm
17h = 5 pm
22h30 = 10.30 pm

Remember also that
six heures quarante
is the same as
sept heures moins vingt

Les jours de la semaine.

lundi mardi mercredi jeudi
vendredi samedi dimanche

This is a notice at the entrance to a shopping precinct in Dijon. It shows the times when vans and lorries may make deliveries to the shops.

LIVRAISONS AUTORISÉES
LUNDI DE 6H À 10H
19H À 24H
MARDI DE 0H À 8H
ET 12H 30 À 13H 30
VENDREDI 19H À 24H
MERCREDI DE 0H À 11H
ET JEUDI 19H À 24H
SAMEDI DE 0H À 8H
19H À 24H

A. Imagine that you are the driver of a delivery van. Can you work out when you are allowed to make your deliveries here?

B. Can you say all the times shown on this page in English and in French?

Quelle est la date? C'est mercredi le vingt-deux juin

1st of month – le premier juin

4 Dépêche-toi, Claudette!

leçon quatre
quatrième leçon

In this lesson you will learn
how to say what you are doing
how to say what others are doing
how to ask questions
how to say at what time you do things

R

Introduction

Un lundi matin Claudette entre dans la cuisine. Madame Marsaud est déjà là. Elle prépare le petit déjeuner.

Sur la table elle pose deux assiettes et des croissants.

Claudette aime beaucoup les croissants, et elle en mange deux.

Mme Marsaud donne une tasse de café à Claudette.

Claudette regarde la pendule. Oh là là! Elle est en retard.

Elle cherche des livres. Ils sont sur le buffet. Claudette trouve les livres et elle quitte la maison à toute vitesse.

What's it all about?

1 What day is it?
2 Who comes into the kitchen?
3 What is Mme Marsaud doing?
4 What does she put on the table?
5 Does Claudette like croissants?
6 How many does she eat?
7 Why is Claudette in a hurry?
8 What is she looking for?
9 Where does she find what she is looking for?
10 How does Claudette leave the house?

R Conversations

'arrive, j'arrive!

A

MME MARSAUD	Où est Claudette? Elle est en retard. Dépêche-toi, Claudette!
CLAUDETTE	J'arrive, j'arrive!
MME MARSAUD	Enfin! Tu es en retard. Dépêche-toi!
CLAUDETTE	Oui, maman. Ah bon, tu prépares le petit déjeuner.

What is Madame Marsaud doing?
Who arrives late for breakfast?

Regarde l'heure!

B

MME MARSAUD	Il y a des croissants sur la table.
CLAUDETTE	Bon, j'aime les croissants.
MME MARSAUD	Et je prépare du café. Voilà . . .
CLAUDETTE	Merci, maman. Regarde l'heure!
MME MARSAUD	Oui, il est déjà huit heures.

What is Claudette having for breakfast?
What time is it?

Où sont-ils?

C

CLAUDETTE	Je cherche mes livres, maman. Où sont-ils?
MME MARSAUD	Il y en a trois sur le buffet.
CLAUDETTE	Ah oui, les voilà. Mais où est mon cartable?
MME MARSAUD	Il est sur la chaise.
CLAUDETTE	Merci, maman. Au revoir.
MME MARSAUD	Au revoir, Claudette. Sois sage! . . . Ah, les filles!

Qu'est-ce que Claudette cherche?
Où sont les livres?
Où est le cartable?

Listening practice R

Jean-Paul is looking for his things too. Listen to the conversation and see if you can discover where each thing is.

Vrai ✓ ou faux × ?

Can you say which of these statements are true and which are false. Try to correct the ones which aren't true. If you don't know the answer you can say

Je ne sais pas.

1 Claudette est en retard.
2 Il est neuf heures.
3 Jean-Paul est en retard.
4 Mme Marsaud prépare le dîner.
5 Claudette aime les croissants.
6 Elle en mange trois.
7 Mme Marsaud aime le café.
8 Claudette cherche des cahiers.
9 Le cartable est sur le buffet.
10 Claudette arrive en retard au collège.

pratique

Saying what people are doing

Je (J') Jean-Paul Il Claudette Elle	prépare du café. mange des croissants. regarde la pendule. cherche des livres. quitte la maison. entre dans la cuisine. trouve le cartable. pose une nappe sur la table. arrive à l'école.

1. Who does what? Find one sentence from each box to describe the pictures below.

Jean-Paul arrive à la maison.
Mme Marsaud entre dans la salle à manger.
M. Marsaud prépare le petit déjeuner.
Claudette mange des croissants.

Elle pose une nappe sur la table.
Elle aime les croissants.
Il prépare du café.
Il arrive à l'heure.

2. Imagine that you are doing the things in the pictures above. What do you say? Begin each answer with "Je . . . "

3. Who's looking for what?

exemple
M. Marsaud cherche le vin.

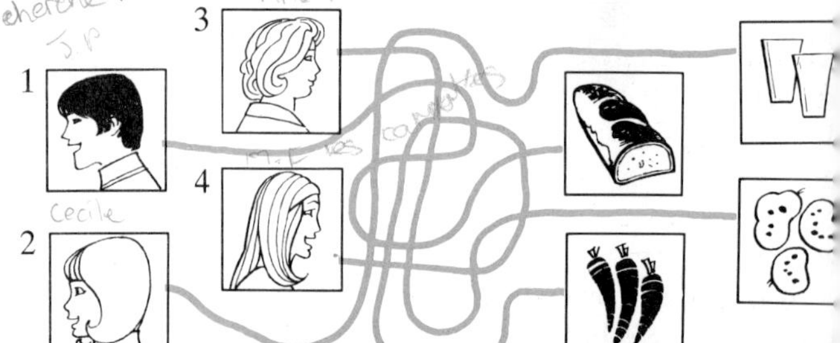
1
2
3
4

4. Can you help them to find what they are looking for?
exemple
Il est sur la table, monsieur.

5. What else is there on the table?
Look at the picture for one minute, and then close your book and try to remember.
exemple
Il y a des fourchettes.

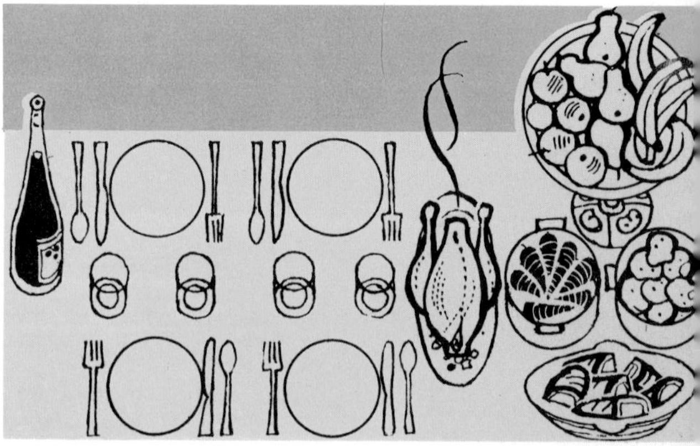

moi et toi

Talking about what you're doing and at what time

Salut! Que fais-tu? Est-ce que tu cherches quelque chose?
Oui, je cherche ma montre!
Tu quittes la maison à quelle heure?
A neuf heures.
Moi, je cherche mes amis.
Moi, je quitte la maison à huit heures et quart.

	You say
To ask someone a question about what they are doing	Que fais-tu? Est-ce que tu *cherches un livre*?
To ask someone "At what time . . .?"	À quelle heure *tu quittes la maison*?
To say you're looking for something or someone	Je cherche *le professeur.*
To say you're looking at something	Je regarde *la pendule.*
To say you're going in	J'entre dans *la salle de classe.*
To say that you are leaving somewhere	Je quitte *la maison.*
To say that you arrive somewhere	J'arrive *au collège.*

La journée de Jean-Paul
A huit heures et quart du matin Jean-Paul quitte la maison. Il arrive au collège à huit heures et demie, et il entre dans la salle de classe.

A quatre heures de l'après-midi il quitte le collège. Il arrive au café à quatre heures et demie. A cinq heures il quitte le café et à cinq heures et quart il entre dans le cinéma.

Il quitte le cinéma à neuf heures du soir et il arrive à la maison à neuf heures et quart.

À
ce matin, Jean-Paul...

A. Ask Jean-Paul at what time he does each thing.
exemple
A quelle heure est-ce que tu quittes la maison?

What does Jean-Paul reply?
exemple
A huit heures et quart.

B. Imagine you are Jean-Paul. Tell the story of your day (**ma journée**).
Use "je" in each sentence.

leçon cinq
cinquième leçon

5 Au collège

In this lesson you will learn

how to say what you and your friends are doing
how to say what others are doing
how to ask for and give directions in the street
the names of some important places in the town

Introduction

Aujourd'hui c'est mardi. Claudette arrive au collège de bonne heure.

Elle entre dans la cour et elle cherche Hélène. Hélène est l'amie de Claudette. Claudette retrouve Hélène et les deux amies parlent ensemble.

Jean-Paul et Pierre aussi sont dans la cour. Ils jouent au ballon.

A huit heures et demie les élèves entrent dans le collège. Claudette et Hélène entrent dans la salle de classe.

Mais où sont les garçons? Ils sont toujours dans la cour. Ils cherchent le ballon.

Enfin les garçons entrent vite dans la salle de classe. Mais trop tard! Monsieur Lafayette est déjà là!

What's it all about?

1. What day is it?
2. Is Claudette on time today?
3. Who does she look for?
4. Where do the girls meet?
5. Who is playing football?
6. What happens at 8.30?
7. Where do Claudette and Hélène go?
8. Where are the boys?
9. What are they doing?
10. Do the boys get to their class on time?

R Conversations

'ous arrivez de bonne heure
ujourd'hui!

A

M. LAFAYETTE	Bonjour, les enfants. Vous arrivez de bonne heure aujourd'hui!
CLAUDETTE	Oui, monsieur. Nous arrivons toujours de bonne heure.
M. LAFAYETTE	Et Pierre et Jean-Paul? Où sont-ils?
HÉLÈNE	Ils sont toujours dans la cour.
CLAUDETTE	Ils jouent au football, monsieur.

Who arrives early?
Where are the boys? What are they doing?

Jous entrons juste à temps.

B

PIERRE	Viens vite, Jean-Paul. Il est déjà huit heures et demie.
JEAN-PAUL	Oh, ça va. Nous entrons juste à temps.
PIERRE	Ah non. Regarde! Lafayette est déjà là!
JEAN-PAUL	Zut alors! Nous arrivons en retard!

What time is it?
Who thinks he's just in time?

'ous arrivez juste en retard!

C

M. LAFAYETTE	Bonjour, Jean-Paul. Bonjour, Pierre. Les cours commencent à huit heures et demie, n'est-ce pas?
JEAN-PAUL	Euh . . . oui, monsieur. Nous arrivons juste à temps.
M. LAFAYETTE	Mais non, mes amis, vous arrivez juste en retard! Est-ce que vous aimez les cours?
PIERRE	Euh, non . . . euh, oui, monsieur, bien sûr!
JEAN-PAUL	Nous aimons beaucoup les cours.
CLAUDETTE	Oh là là!

Est-ce que les cours commencent à huit heures?
Est-ce que les garçons arrivent juste à temps?
Est-ce qu'ils aiment les cours?

istening practice
R

The Marsauds and the Nicolas family are in the Marsauds' garden. Listen and try to discover what each person is doing.

CINÉMA

Répondez s'il vous plaît

1 Où est-ce que Jean-Paul entre?
2 Où est-ce que les garçons entrent?
3 Où est-ce que les filles arrivent?
4 Où est-ce que Claudette arrive?
5 Où est-ce que Pierre entre?
6 Où est-ce qu'Hélène arrive?

pratique

Saying what people are doing

Que fait-il?
Que font-elles?

Les garçons Ils Les filles Elles	regardent le professeur. parlent ensemble. arrivent au collège. entrent dans la salle de classe. cherchent le ballon. aiment les cours.

1. Early, late, or just in time?

Les cours commencent à huit heures et demie.

What can you say about these pupils?
Use the correct phrase from the box.
exemple
Jean-Paul et Pierre arrivent à neuf heures moins vingt-cinq.
Ils arrivent en retard.

1 Claudette et Hélène arrivent à huit heures vingt-cinq.
2 Henri et Jacques arrivent à neuf heures moins vingt.
3 Sylvie et Brigitte arrivent à huit heures et demie.
4 Michel et Roger arrivent à huit heures vingt.
5 Richard et Anne arrivent à huit heures et demie.
6 Suzanne et Monique arrivent à neuf heures moins vingt-cinq.

de bonne heure en retard   juste à temps

2. A huit heures et demie a) What are all these people doing?
exemples

Jean-Paul et Pierre jou . . . au

Ils jouent au football.

Mme Marsaud entr . . . dans

Elle entre dans la cuisine.

1. Claudette et Hélène entr . . . dans

2. M. et Mme Nicolas entr . . . dans

3. Philippe et Alain jou . . . au

4. Roger entr . . . dans

5. Claudette parl . . . à

6. Mme Nicolas entr . . . dans

7. M. Marsaud prépar . . .

CAFE

8. Mme Marsaud et Marie-France cherch . . .

b) Where are they? Choose the right answer from the box.

exemples
Ils sont au collège.
Elle est à la maison.

Il est à la maison.	Il est au collège.
Elle est à la maison.	Elle est au collège.
Ils sont à la maison.	Ils sont au collège.
Elles sont à la maison.	Elles sont au collège.

moi et toi

Asking people what they like and what they are doing

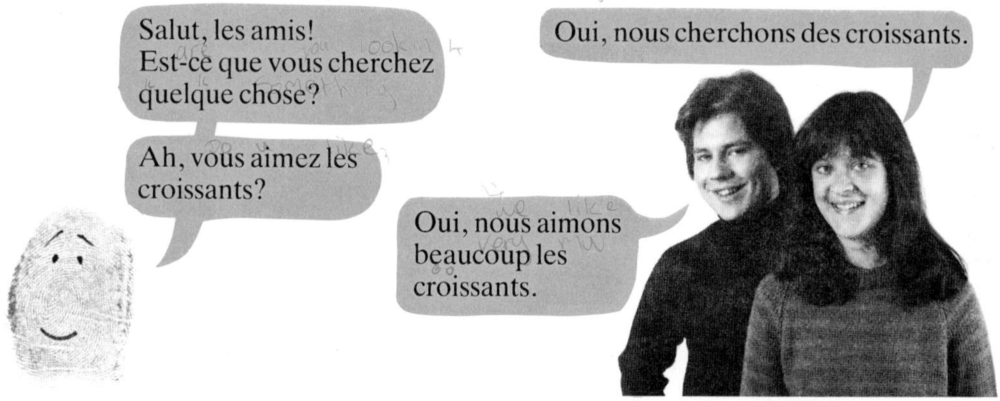
Salut, les amis!
Est-ce que vous cherchez quelque chose?
Oui, nous cherchons des croissants.
Ah, vous aimez les croissants?
Oui, nous aimons beaucoup les croissants.

	You say
To say what you and your friends like	Nous aimons (beaucoup) *le football.*
To say what you and your friends are doing	Nous *jouons au football.*
To ask a friend if *he/she* likes something	Est-ce que tu aimes *le vin*?
To ask more than one person if they like something	Est-ce que vous aimez *le vin*?
When asking a question of one or more adults	Est-ce que vous *cherchez quelque chose, monsieur/madame/messieurs*?

1. Ask these people if they like these things.

Exemples

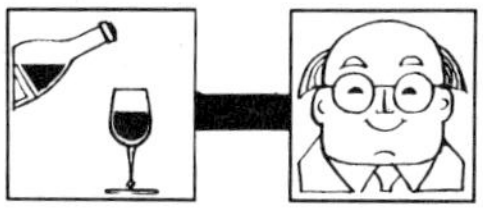

Est-ce que vous aimez le vin, monsieur?

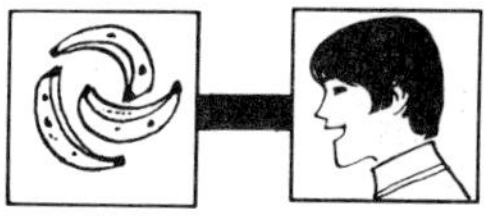

Est-ce que tu aimes les bananes, Jean-Paul?

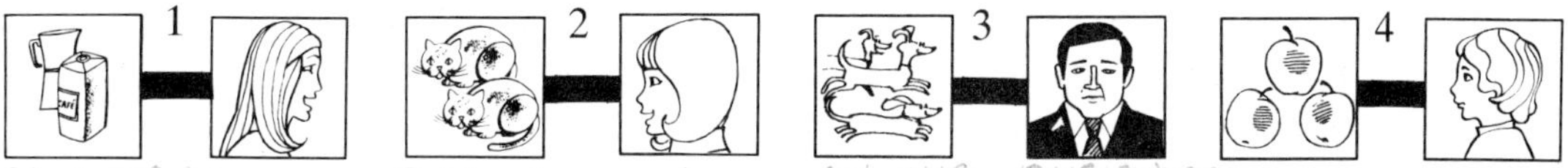
1
2
3
4

2. **En route pour le collège.** Imagine you are going to school with your brother or sister, or your friend. Say what you do, and at what time.

Exemple

quitter

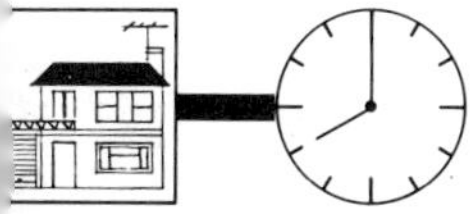

Nous quittons la maison à huit heures.

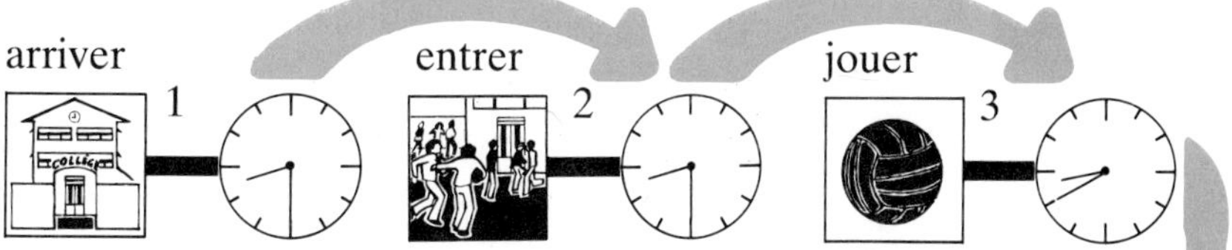
arriver
entrer
jouer
1
2
3

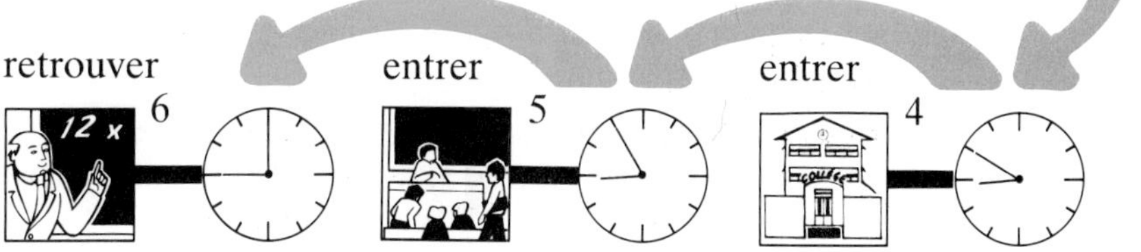
retrouver
entrer
entrer
6
5
4
12 x

renseignez-vous

En ville

If you go to a French town you will need to know the French names of some of the main places. Here are some of them.

le marché	market	la gare	station
le cinéma	cinema	la place	square
le commissariat	police station	la Poste	post office
le jardin public	park	la bibliothèque	library
le collège	secondary school	la banque	bank
le supermarché	supermarket	l'hôtel de ville	town hall
l'hôpital	hospital	l'église	church

Asking the way

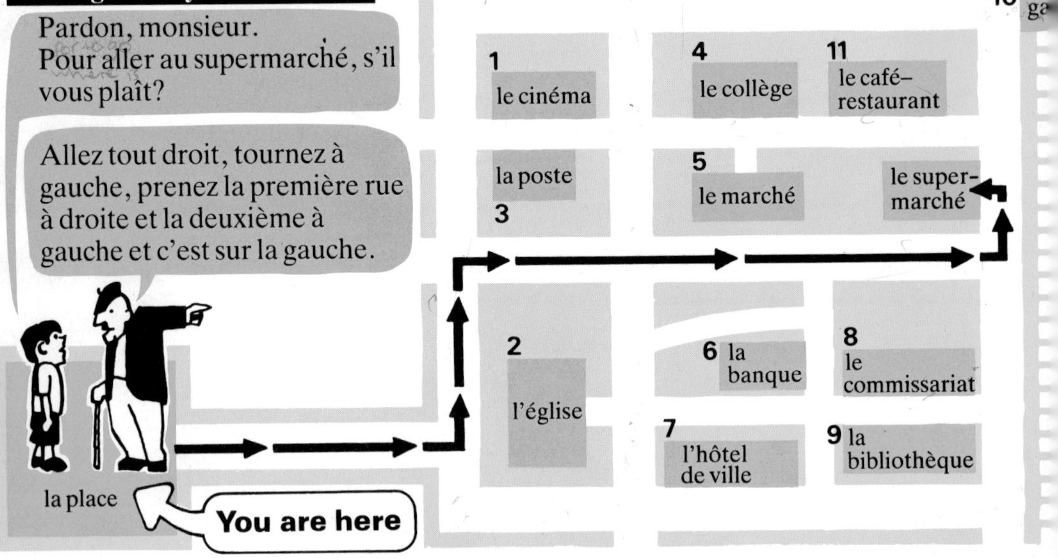

Pardon, monsieur.
Pour aller au supermarché, s'il vous plaît?
Allez tout droit, tournez à gauche, prenez la première rue à droite et la deuxième à gauche et c'est sur la gauche.
1 le cinéma
la poste 3
4 le collège
11 le café–restaurant
5 le marché
le super-marché
10 la ga
2 l'église
6 la banque
8 le commissariat
7 l'hôtel de ville
9 la bibliothèque
la place
You are here

A. Imagine you are in the square in this French town. You want to go to each of the places on the map.
What do you say?
exemples
1. Pour aller au cinéma, s'il vous plaît?
2. Pour aller à l'église, s'il vous plaît?

B. What would you say if you met a man in the square who asked you how to get to each of the places on the map. (Use the expressions in the box.)

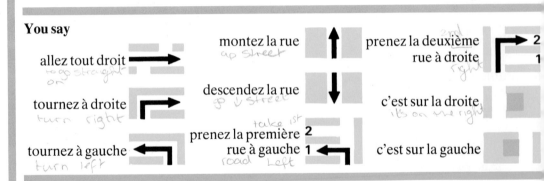

You say

- allez tout droit
- tournez à droite
- tournez à gauche
- montez la rue
- descendez la rue
- prenez la première rue à gauche
- prenez la deuxième rue à droite
- c'est sur la droite
- c'est sur la gauche

France-info

At school in France

PAS DE COURS
LE MERCREDI!
DIX
SEMAINES
DE
VACANCES
EN ETE!

If you were to go to school in France you would find some things quite strange, and some things that you are used to in your own school.

Which school would you (and your brothers and sisters) go to?

Ecole maternelle	2 – 6 ans
Ecole primaire	6 – 11 ans
Collège (C.E.G.)	11 – 15/16 ans
Lycée	15/16 – 18 ans
L.E.P.	15/16 – 17/18 ans

Which year would you be in?

âge	*classe*
11	
	6e. – sixième
12	
	5e. – cinquième
13	
	4e. – quatrième
14	
	3e. – troisième
15	
	2e. – seconde
16	
	1e. – première
17	
	terminale
18	

Many children go to nursery schools between the ages of two and six, but this is not compulsory. All children must go to school from the age of six. At the age of eleven, children usually go to a *Collège d'Enseignement Général* (C.E.G.).

Education is compulsory until the age of sixteen, when some students will go on to a *Lycée*, or a *Lycée d'Enseignement Professionnel* (L.E.P.).

The French system of naming classes is different from that in Britain. Secondary school pupils start *en sixième* at the age of eleven or twelve.

There are other differences too:
- pupils who get low marks may have to repeat a year
- many French schools start at 8am or 8.30am
- many schools do not finish work until 5pm
- many schools work on Saturday mornings
- many schools are closed all day on Wednesdays
- in the C.E.G. there are no exams at the end of the school year
- there is no school uniform in French schools
- French schoolchildren have at least ten weeks' holiday in the summer
- there are usually only two weeks' holiday at Christmas and Easter
- there are very few clubs and out-of-school activities in French schools

▶ What would you like and dislike if you went to school in France?

leçon six
sixième leçon

6 Dans le jardin

In this lesson you will learn
how to say where you are
how to say where you and your friends are
how to ask where someone is
the names of some pet animals

R

Introduction

Aujourd'hui c'est dimanche. Monsieur Marsaud travaille dans le jardin.

Marie-France et Claudette sont aussi dans le jardin. Elles jouent au ballon.

Mais où est Jean-Paul? Le voilà dans la rue.

Voilà Bruno, le chien de la famille Marsaud. Est-ce qu'il travaille? Mais non, il joue avec les filles.

A ce moment Jean-Paul arrive.

Il entre dans le jardin. Il attrape le ballon . . . et Bruno!

What's it all about?

1 What day is it?
2 What is M. Marsaud doing?
3 Where are the girls?
4 What are they doing?
5 Is Jean-Paul in the garden?
6 Who is Bruno?
7 Is he working in the garden?
8 Who arrives home?
9 Who catches the ball?
10 What else does he catch?

🅁 Conversations

Dans la maison

e suis dans le jardin.

A

MME MARSAUD	Albert, où es-tu?
M. MARSAUD	Je suis dans le jardin. Je travaille.
MME MARSAUD	Claudette, Marie-France! Où êtes-vous? Vous êtes là?
CLAUDETTE	Oui, maman. Nous sommes avec papa.

Who is Albert?
What is he doing?
Where are the girls?

Jous jouons au ballon
vec Bruno.

B

MARIE-FRANCE	Nous jouons au ballon avec Bruno, maman.
CLAUDETTE	Il est très intelligent.
MARIE-FRANCE	Ah oui, Bruno, tu es très intelligent!
MME MARSAUD	Jean-Paul est là aussi?
CLAUDETTE	Non, maman. Ah, le voilà dans la rue.

What are the girls doing?
Who is intelligent?
Where is Jean-Paul?

ttention, Jean-Paul!
)h, trop tard!

C

MARIE-FRANCE	Voilà, Bruno, attrape le ballon!
CLAUDETTE	Attention, Jean-Paul! Oh, trop tard!
JEAN-PAUL	Oh, non! Va-t'en, Bruno!
MARIE-FRANCE	Hi! Hi! Hi! Ils tombent dans les fleurs.
M. MARSAUD	Oh! Oh, mes fleurs!
CLAUDETTE	Maintenant Jean-Paul chasse Bruno.
MARIE-FRANCE	Et papa chasse Jean-Paul!

Qui arrive à ce moment?
Où est-ce que Jean-Paul et Bruno tombent?

istening practice
🅁

Claudette is at home by herself. She is wondering where everyone is when she receives a number of phone calls. Where is each person, and what time will they be home?

Vhere are you?

Où es-tu? Où êtes-vous?	Je suis dans le jardin, Nous sommes dans le jardin,	maman. madame.

veryone is at the Nicolas ouse. But Mme Nicolas can't nd anyone. (They're all in the arden.)
Vhat does she call to them?
Vhat do they reply?
hoose your answers from ach section of the box.

exemple

Cécile! Où es-tu?
Je suis dans le jardin, maman.

1 Alain!
2 Jean-Paul!
3 Hélène! Cécile!
4 M. Marsaud!
5 Marie-France!
6 Mme Marsaud! Claudette!

6

pratique

Asking where people are and saying where you are

Cécile, où es-tu?	
Je suis	à la gare. à la Poste. à la maison. au collège.

Où êtes-vous, monsieur?	
Je suis	à la banque. au café. avec les enfants.

Où êtes-vous, mes amis?	
Nous sommes	au commissariat. avec le professeur à l'hôpital.

1. La surprise-partie

Mais, où es-tu, Bernard?
Claudette et Marie-France, où êtes-vous?

Hélène is having a party. She begins to get worried when nobody arrives on time. But then the phone starts ringing . . .
What does Hélène ask? What do the others reply?

exemples Bernard?

Je suis au café.

Claudette et Marie-Fra

CINEMA

Nous somme au ciné

Jean-Paul?
1 
GARE

Brigitte?
2 

Marc?
3 
COLLEGE

Roger et Sylvie?
4 

Monique et Françoise?
5 

2. What's in the dining-room?

exemples Est-ce qu'il y a du pain?
Oui, il y en a.
Il y a des bananes?
Non, il n'y en a pas.

1 Est-ce qu'il y a du fromage?
2 Est-ce qu'il y a des poires?
3 Il y a des pommes de terre?
4 Il y a du poulet?
5 Il y a des verres?
6 Est-ce qu'il y a de la soupe?
7 Il y a combien d'assiettes?
8 Combien de couteaux y a-t-il?
9 Il y a combien de fourchettes?
10 Combien de chaises y a-t-il?

moi et toi

Talking about your pets

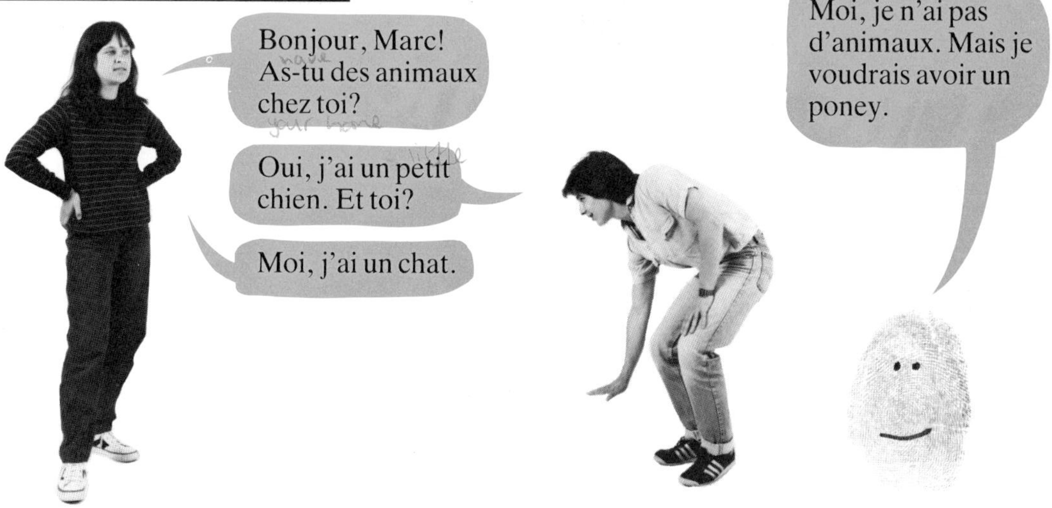
Bonjour, Marc! As-tu des animaux chez toi?
Oui, j'ai un petit chien. Et toi?
Moi, j'ai un chat.
Moi, je n'ai pas d'animaux. Mais je voudrais avoir un poney.

	You say
To say you have something	J'ai *un poisson rouge*.
To say you haven't got something	Je n'ai pas de *chat*.
To say what you would like	Je voudrais avoir *un poney*.

As-tu des animaux chez toi?

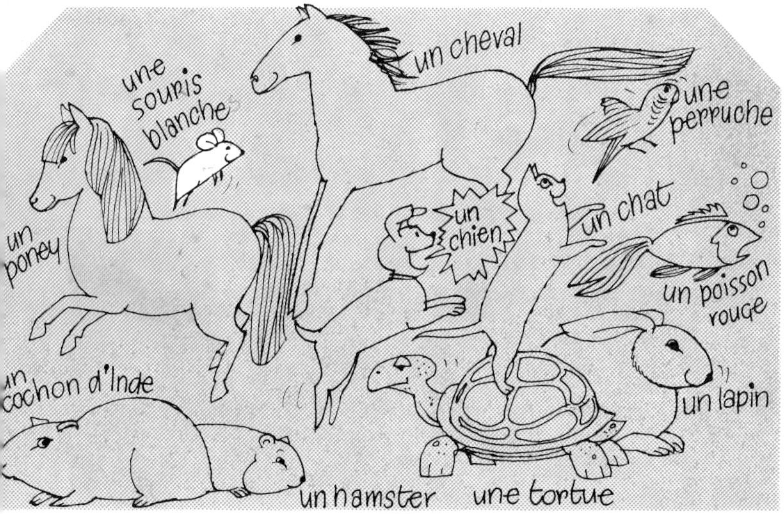
un cheval
une souris blanche
une perruche
un poney
un chien
un chat
un poisson rouge
un cochon d'Inde
un lapin
un hamster
une tortue

Write a short message in French to a French boy or girl, to tell them about your pets. Use these phrases:

J'ai un/une . . .
Je n'ai pas de . . .
J'aime bien les . . .
  mais je préfère les . . .
Je n'aime pas les . . .
Je voudrais avoir . . .

Mon petit chat

J'ai un petit chat,
Petit comme ça.
Je l'appelle Orange.

Je ne sais pourquoi
Jamais il ne mange
Ni souris ni rat.

C'est un chat étrange
Aimant le nougat
Et le chocolat.

Mais c'est pour cela,
Dit tante Solange,
Qu'il ne grandit pas!

Maurice Carême
Poèmes pour petits enfants

7 Une leçon de géographie

leçon sept
septième leçon

In this lesson you will learn
how to talk about the countrie
and capitals of Europe
how to tell people to do things
how to talk about school subjects
how to say the date in French

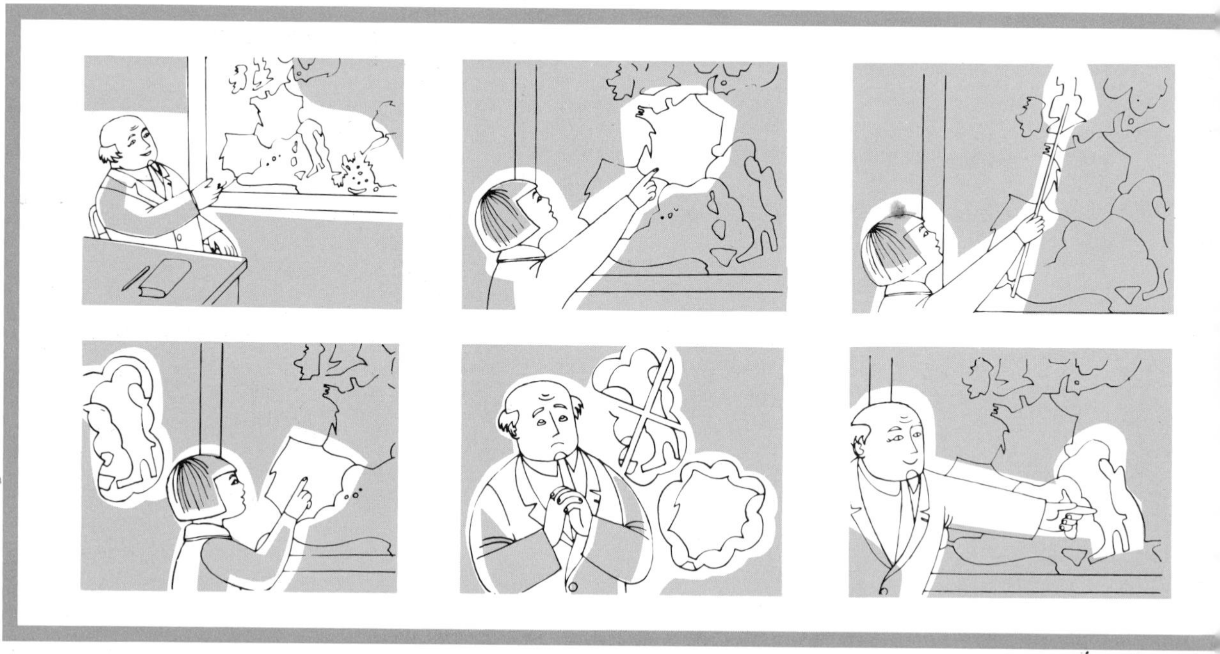

R Introduction

Aujourd'hui c'est jeudi. Les enfants sont en classe. Sur le mur il y a une carte d'Europe. Monsieur Lafayette parle des pays d'Europe.

Il demande à Hélène d'indiquer la France. Hélène regarde la carte et elle indique la France.

Puis Hélène cherche l'Angleterre. Elle regarde la carte et elle trouve l'Angleterre.

«Bon. Maintenant indique l'Italie.» Hélène indique un des pays sur la carte.

Mais ce n'est pas l'Italie. C'est l'Espagne! Qu'elle est bête!

Monsieur Lafayette indique un pays sur la carte . . . «Regarde! Voici l'Italie!»

What's it all about?

1 What day is it?
2 What is there on the wall?
3 What is M. Lafayette talking about?
4 What does he ask Hélène to do first?
5 Which country does she look for next?
6 Does Hélène know where England is?
7 Which country does she point to wron
8 Which country is she looking for?
9 What does M. Lafayette point to?
10 What does he say?

R Conversations

Ferme la porte, Hélène.

A *Hélène entre en retard dans la salle de classe.*

M. LAFAYETTE Hélène, viens ici. Tu es en retard ce matin.
HELENE Oui, monsieur. Excusez-moi, monsieur.
M. LAFAYETTE Bon. Ferme la porte, et assois-toi.
JEAN-PAUL Oh là là! Encore en retard!
M. LAFAYETTE Tais-toi, Jean-Paul!

What does M. Lafayette tell Hélène to do?
What does he tell Jean-Paul to do?

Regardez la carte, tout le monde.

B

M. LAFAYETTE Regardez la carte, tout le monde. Jean-Paul, quels sont les pays voisins de la France?
JEAN-PAUL L'Allemagne, l'Espagne, la Suisse . . .
M. LAFAYETTE Merci, Jean-Paul. Pierre, continue.
PIERRE L'Italie, la Belgique et le Luxembourg.
M. LAFAYETTE C'est tout. Il y en a six.

How many countries are neighbours of France? Which are they?

Non, non! C'est l'Espagne!

C

M. LAFAYETTE Hélène, indique l'Italie.
HELENE Voilà l'Italie, monsieur.
M. LAFAYETTE Non, non! C'est l'Espagne! Voici l'Italie! Claudette, quelle est la capitale de la Suisse?
CLAUDETTE Je ne sais pas . . . euh . . . C'est Genève, monsieur?
M. LAFAYETTE Espèce d'idiote! C'est Berne.

Qu'est-ce qu'Hélène indique?
Quelle est la capitale de la Suisse?

Countries and capitals

Où est	Londres?
	Cardiff?
	Edimbourg?
	Paris?
	Dublin?
	Bonn?
	Madrid?
	Bruxelles?
	Berne?
	Rome?

Work with a partner.
Take it in turns to ask questions from the box on the left. Find the answers in the box on the right. Then practise this activity with your books closed.

Londres	est en	Angleterre.
Rome		Italie.
Dublin		Irlande.
Paris		France.
Edimbourg		Ecosse.
Madrid		Espagne.
Bruxelles		Belgique.
Berne		Suisse.
Bonn		Allemagne.
Cardiff	est au	Pays de Galles.

Listening practice R

Vrai ou faux? Listen to the recording . . .

7

pratique

Telling a friend or relative to do something

Jean-Paul,	ferme	la porte.
Brigitte,	cherche	le ballon.
Papa,	regarde	la pendule.
Maman,	mange	les croissants.

Telling an adult or more than one person to do something

Monsieur,	entrez	dans le salon
Madame,	regardez	l'heure.
Les garçons,	écoutez	la cassette.
Anne et Julie,	fermez	les fenêtres.
Tout le monde,	indiquez	l'Espagne.

1. Hélène isn't paying attention in class today. Monsieur Lafayette gives lots of instructions to the class, but he has to repeat everything for Hélène.

This is what he says to the class.

1 Regardez la carte, tout le monde.
2 Indiquez l'Italie, tout le monde.
3 Fermez les cahiers.
4 Ecoutez la cassette.
5 Regardez le tableau noir.
6 Cherchez des crayons.
7 Quittez la salle de classe.
8 Taisez-vous, tout le monde!

What does he say to Hélène?

exemple

Hélène, regarde la carte!

Suggesting that you should all do something together

2. It's raining and the Nicolas children don't know what to do. Madame Nicolas gives them some ideas. What does she say to them? What does Cécile say to the others?

Cherchons	Hélène.
Préparons	du café.
Mangeons	les croissants.

exemple

jou . . .

Jouez dans la chambre.

D'accord, jouons dans la chambre.

Les suggestions de Mme Nicolas:

prépar . . .

1

cherch . . .

2

écout . . .

3

quitt . . .

4

pos . . . la nappe

5

Quelle est la capitale	de la	France? Belgique?
	de l'	Angleterre? Ecosse?
	du	Pays de Galles? Portugal?

Les pays voisins de la Fr

L'ECOSSE
Edimbourg
L'IRLANDE
Belfast
Dublin
L'ANGLETERRE
LE PAYS DE GALLES
Cardiff
Londres
Berlin
L'ALLEMAGNE
Bruxelles
Bonn
LA BELGIQUE
LE LUXEMBO
Paris
Berne
LA SUISSE
LE PORTUGAL
LA FRANCE
L'ITALIE
L'ESPAGNE
Madrid
Rome
Lisbonne

moi et toi

Talking about school subjects

Salut Marc! Est-ce que tu étudies l'anglais à l'école?

Ah oui, je suis fort en anglais.

Moi, j'étudie le français, l'histoire, les sciences . . .

Moi non. Je suis faible en anglais. Je préfère les mathématiques.

	You say
To say what you are studying/learning	J'étudie *la géographie*.
To say you're good at something	Je suis fort(e) en *français*.
To say you're not very good at something	Je suis faible en *sciences*.
To say what you prefer	Je préfère *les sports*.
To say you hate something	Je déteste *les sports*.

Qu'est-ce qu'on a aujourd'hui? l'emploi du temps d'un élève de 6e dans un C.E.G.

	lundi	mardi	mercredi	jeudi	vendredi	samedi	dimanche
Heure 8	Histoire	libre	libre	Maths	Français	libre	Bien entendu, il n'y a pas de cours le dimanche!
9	Dessin	Anglais		Sciences Naturelles	Maths	Musique	
10	Piscine ou Plein air	Français		Gymnastique	Anglais	Maths	
11	Instruction Civique	Sciences Naturelles		Anglais	Histoire	Géographie	
12 13	Déjeuner et Récréation						
14	Maths	libre	libre	Français	Gymnastique	libre	
15	Français	Maths					
16		Dessin		Histoire	Géographie		

Activités

A. Make up a copy of your own weekly timetable, and put the names of the subjects in French. Use it to discuss with a partner which subjects you like, which subjects you are good at, and so on, and what time each lesson begins. Compare your timetable with the one from the French school.

B. Draw and label on a piece of cardboard an outline map of Europe. Cut the map into a giant jigsaw puzzle and give it to your friends to solve.

Quelle est la date aujourd'hui?

1
décembre

C'est le premier décembre.

2
décembre

C'est le deux décembre.

dimanche
3
décembre

C'est le dimanche trois décembre.

lundi
4
décembre

Aujourd'hui c'est le lundi quatre décembre.

Les mois de l'année

janvier	mai	septembre
février	juin	octobre
mars	juillet	novembre
avril	août	décembre

DÉCEMBRE
dimanche 3
lundi 4
mardi 5
mercredi 6
jeudi 7
1 vendredi 8
2 samedi 9
dimanche 10
lundi 11
mardi 12
mercredi 13
jeudi 14
vendredi 15
samedi 16
dimanche 17
lundi 18
mardi 19
mercredi 20
jeudi 21
vendredi 22
samedi 23
dimanche 24 31
lundi 25
mardi 26
mercredi 27
jeudi 28
vendredi 29
samedi 30
Vercy en hiver/photo-burnard

Can you say each of the dates on this page of the calendar?

Expressing good wishes

	You say
To ask when a friend's birthday is	Quelle est la date de ton anniversaire?
To say when your birthday is	Mon anniversaire est *le dix juin*.
To give someone your best wishes	Meilleurs vœux!
To wish someone a happy birthday	Bon anniversaire!
To wish someone a Merry Christmas	Joyeux Noël! Bon Noël!
To wish someone a Happy New Year	Bonne Année! Heureuse Année!

Here is a French Christmas carol. Sing it in French and wish each other a Merry Christmas!

Mon beau sapin

Mon beau sa-pin, roi des fo-rêts, Que j'ai-me ta ver - du - re! Quand
par l'hi-ver bois et gué-rêts Sont dé - pouil-lés de leurs at-traits, Mon
beau sa-pin, roi des fo-rêts, Tu gar - des ta pa - ru - re.

Mon beau sapin, roi des forêts,
Que j'aime ta verdure!
Quand par l'hiver bois et guérets
Sont dépouillés de leurs attraits.
Mon beau sapin, roi des forêts,
Tu gardes ta parure.

Toi, que Noël planta chez nous
Au saint anniversaire,
Joli sapin, comme ils sont doux
Et tes bonbons et tes joujoux,
Toi que Noël planta chez nous,
Par les mains de ma mère!

Mon beau sapin, tes verts sommet
Et leur fidèle ombrage,
De la foi qui ne ment jamais,
De la constance et de la paix,
Mon beau sapin, tes verts sommet
M'offrent la douce image.

France-info

Joyeux Noël

Quelques dates importantes

le 24 décembre — la veille de Noël
le 25 décembre — le Jour de Noël
le 31 décembre — la Saint-Sylvestre
le 1 janvier — le Jour de l'An
le 6 janvier — la Fête des Rois

Christmas and the New Year are important occasions in France, just as they are in Britain. On Christmas Eve (*la veille de Noël*) many families go to midnight mass (*la Messe de minuit*), followed by a traditional feast (*le réveillon*) of turkey (*la dinde*) and a Christmas log (*la bûche de Noël*), made of chocolate. The children leave their shoes in front of the fire, and these are filled with presents during the night by *le Père Noël*.

Vive le Roi!
Vive la Reine!
Vive Jean-Paul!
Vive Hélène!

On New Year's Eve (*la Saint-Sylvestre*) the family may have another feast and on New Year's Day (*le Jour de l'An*) small gifts of money (*les étrennes*) are given to the children, the postman and others, and kisses are exchanged under the mistletoe.

On Twelfth Night (*la Fête des Rois*) the family eats a large, flat cake (*la galette*) in which has been hidden a porcelain figurine (*la fève*). Whoever finds *la fève* is crowned king or queen for the day.

l est né le Divin Enfant

Il est né le Di-vin En-fant, Jou-ez haut-bois, ré-son-nez mu-set-te, Il est né le Di-
vin En-fant, Chan-tons tous son a-vè-ne-ment. 1. De-puis plus de qua-tre mille ans
Nous le pro-met-taient les Pro-phè-tes, De-puis plus de qua-tre mille ans Nous at-ten-dions cet heu-reux temps.

2. Une étable est son logement,
Un peu de paille est sa couchette,
Une étable est son logement,
Pour un Dieu quel abaissement!

3. Ah! qu'il est beau, qu'il est charmant,
Ah! que ses grâces sont parfaites,
Ah! qu'il est beau, qu'il est charmant,
Qu'il est beau le Divin Enfant!

checkpoints

1 Talking about yourself

What would you say if a French boy or girl asked you . . .

1 Ça va?
2 Comment tu t'appelles?
3 Quel âge as-tu?
4 Où (est-ce que) tu habites?
5 Tu habites une maison ou un appartement?
6 Tu es anglais(e)?
7 Tu as des frères?
8 Tu as des sœurs?
9 Tu as des animaux?
10 Où es-tu en ce moment?

2 Meeting people

What do you say . . .

1 when you meet someone for the first time in the day?
2 to say what your name is?
3 to ask someone how they are?
4 to say you feel fine?
5 to say you're not too bad?
6 to thank someone?
7 to introduce your friends Anne and Paul?
8 when you're leaving someone?

3 Spelling

Can you spell out these words in French?

I-R-L-A-N-D-E ANGLETERRE QUATORZE SOIXANTE

CAROTTE PROFESSEUR JEUDI MONSIEUR

HAMSTER EDIMBOURG SECONDE COMMISSARIAT

4 French numbers

Can you say these numbers in French?

11 14 17 27 36 40 49 55 60 69 70 71

5 Saying how many there are

Can you answer these questions?

1 Il y a combien de tables?
2 Il y a combien de fourchettes?
3 Il y a combien de verres?
4 Combien d'assiettes y a-t-il?
5 Combien de nappes y a-t-il?
6 Il y a combien de couteaux?
7 Combien de bouteilles y a-t-il?
8 Est-ce qu'il y a des cuillers?
9 Est-ce qu'il y a des bouteilles?
10 Il y a des pommes de terre?

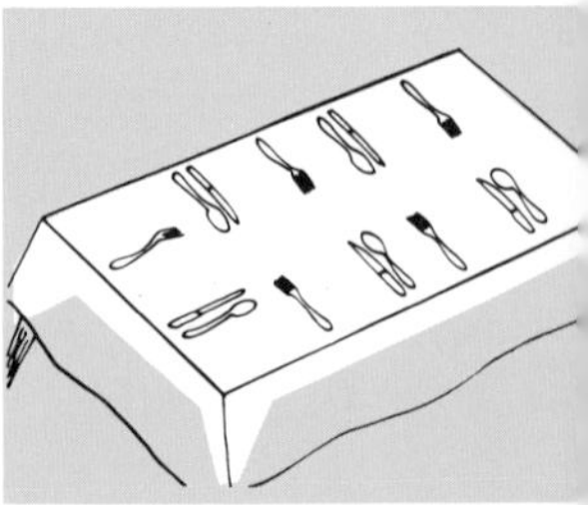

6 Saying what you like and dislike

Can you say which of these things you like and which you dislike?

le pain	la soupe	les fruits
le vin	l'eau	les mathématiques
le fromage	la musique	les bananes
le français	la géographie	les chiens
le football	le Noël	les cours

7 Saying what time it is

Quelle heure est-il?

8 Saying the date

Quelle est la date?

1
7
juin
2
12
mai
3
1
juillet
4
mardi
22
novembre
5
samedi
15
décembre

9 Asking the way

Can you ask the way to each of these places?

the bank	the station	the market
the police station	the library	the cinema
the post office	the hospital	the park

10 Giving instructions

What would you say . . . ?

a) to tell a friend to . . .	b) to tell your friends to . . .
stand up	hurry up
sit down	turn right
be quiet	turn left
close the door	come here
open the window	look at the time
make some coffee	look for the ball

11 Agreeing and disagreeing

What would you say to agree or disagree if someone said to you . . ?

Moi, j'aime les chats.
Moi, je déteste le football.
J'aime les carottes . . .
. . . mais je préfère les pêches.
Moi, je préfère les poires.

leçon huit
huitième leçon

8 A la ferme

In this lesson you will learn
how to say more about where you live
the French names of some colours
the French names of some farm animals
some French words to describe the countryside

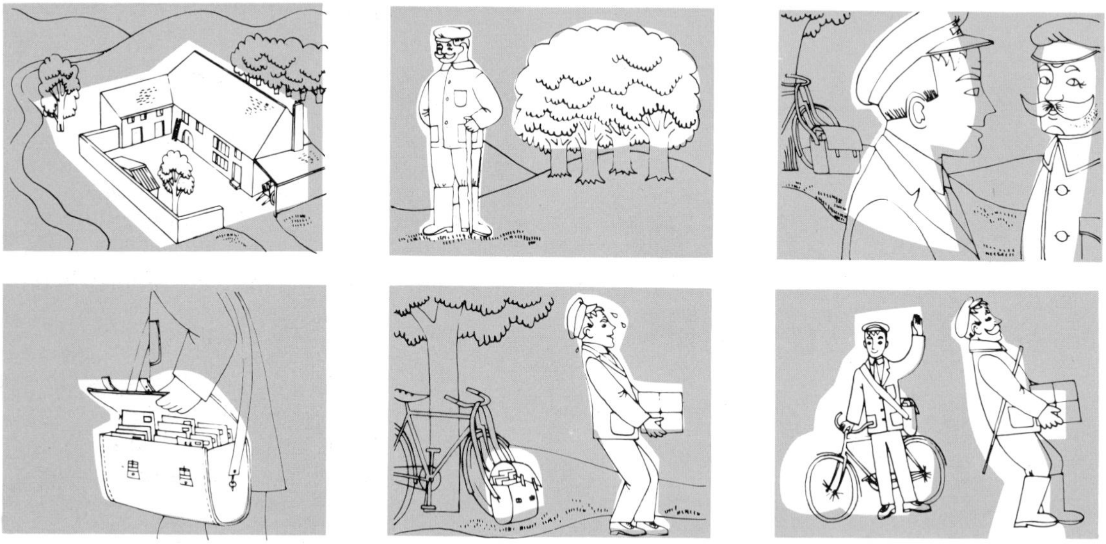

Introduction

Monsieur Beautemps, le fermier, habite une petite ferme. Elle est à la campagne, loin du village.

Voici le fermier, près d'un petit bois.

Il parle avec Monsieur Martin, le facteur.

Le facteur porte les lettres dans une grande sacoche.

Aujourd'hui c'est jeudi. Le facteur apporte un grand paquet pour Monsieur Beautemps. Le paquet est lourd.

Monsieur Beautemps est content parce qu'il y a un paquet pour lui. Monsieur Martin aussi est content, parce que maintenant le fermier porte le grand paquet. Oh là là! Qu'il est lourd!

What's it all about?

1 Who is M. Beautemps?
2 Where is the farm?
3 Where is M. Beautemps?
4 Who is he talking to?
5 Who is M. Martin?
6 What does he carry in his bag?
7 What day is it?
8 Who is the parcel for?
9 Why is M. Beautemps pleased?
10 Why is M. Martin pleased?

Conversations

Voilà trois lettres pour vous, monsieur.

A

M. BEAUTEMPS	Bonjour Monsieur Martin. Ça va?
LE FACTEUR	Bonjour Monsieur Beautemps. Ça va bien, merci.
M. BEAUTEMPS	Est-ce qu'il y a des lettres pour moi aujourd'hui?
LE FACTEUR	Oui, il y en a trois. Voilà.
M. BEAUTEMPS	Ah, merci.

How is M. Beautemps today?
What does M. Martin give to the farmer?

Le paquet est lourd!

B

LE FACTEUR	Il y a aussi un grand paquet.
M. BEAUTEMPS	Oh là là! Il est lourd!
LE FACTEUR	Oui, c'est vrai. Il est très lourd!
M. BEAUTEMPS	Ici c'est loin du village, hein?
LE FACTEUR	Oui, très loin. Que je suis fatigué!

How would you describe the parcel?
Is the farm near to the village?

Regardez ces lettres!

C

M. BEAUTEMPS	Mais, qu'est-ce que c'est? Regardez ces lettres!
LE FACTEUR	Oh, excusez-moi. Ce sont des lettres pour Monsieur Beauchamp, le maître d'école.
M. BEAUTEMPS	Il habite au village, n'est-ce pas?
LE FACTEUR	C'est ça. Il habite la grande maison près de l'école. Eh bien, je suis déjà en retard. Au revoir, monsieur . . .

Qui est Monsieur Beauchamp?
Où est-ce qu'il habite?
Pour qui sont les lettres?

Listening practice

M. Martin is sorting out the letters and parcels before he sets out on his round. Who is going to get what?
Listen to the recording . . .

À la ferme de M. Beautemps

There are quite a few animals at M. Beautemps' farm. Can you say what they are?

Close your book and see if you can remember the French names of these animals.

une chèvre
un mouton
un chien
un chat
une vache
une tortue
une souris
des chevaux
un cochon
des vaches

8

pratique

Near or far?

Moi, j'habite	loin près	de de la de l' du	Paris. capitale. école. village.
		du des d'un d'une	bois. arbres. lac. rivière.

Notez bien
~~de le~~ → du
~~de les~~ → des

Big or small?

C'est	un	petit grand	bois. lac.
	une	petite grande	ferme. rivière.

Répondez s'il vous plaît

1. Est-ce que M. Beautemps habite près de Paris?
2. Est-ce qu'il habite près d'un lac?
3. Est-ce qu'il habite près de l'école?
4. Est-ce qu'il habite loin des arbres?
5. Est-ce qu'il habite près d'un bois?
6. Est-ce que le bois est grand ou petit?
7. Comment est la ferme de Monsieur Beautemps?
8. Est-elle loin de la rivière?
9. Comment est la rivière?
10. Où est la ferme?

moi et toi

Saying more about where you live

	You say
To ask a friend where *he/she* lives	Où est-ce que tu habites?
To ask an adult where *he/she* lives	Où est-ce que vous habitez, *monsieur/ madame*?
To describe your house or flat	J'habite une *petite* maison. J'habite un *grand* appartement.
To ask what something is like	Comment est-*il* / *-elle*?
To say you live *near to/a long way from*	J'habite *près de / loin de Londres*.

Claudette te demande

1. Où est-ce que tu habites?
2. Tu habites une maison ou un appartement?
3. Comment est-elle/-il?
4. Est-ce que tu habites près d'une rivière?
5. Est-ce que tu habites loin de Londres?
6. Tu habites loin de l'école?

A la campagne

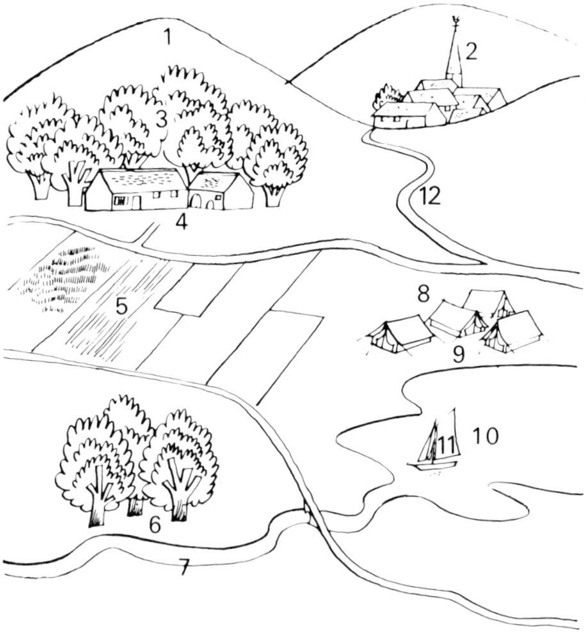
1
2
3
4
5
6
7
8
9
10
11
12

1	une colline	7	une rivière
2	un village	8	un camping
3	un bois	9	des tentes
4	une ferme	10	un lac
5	des champs	11	un bateau
6	des arbres	12	la route

A. Marc has just drawn this picture. Use the words in the box above to answer his question:

Qu'est-ce que tu vois sur l'image?

exemple Je vois une colline.

B. Work with a partner. Look at the picture and ask each other questions in turn.

Use these questions and instructions:

Qu'est-ce que c'est?
Où est . . . ?
Qu'est-ce que tu vois près/loin de . . . ?
Cherche . . .
Indique . . .

Activités

Les couleurs

C'est un ballon	vert brun noir bleu rouge jaune gris
Ce sont des ballons	verts bruns noirs bleus rouges jaunes gris

C'est une porte	verte brune noire bleue rouge jaune grise
Ce sont des portes	vertes brunes noires bleues rouges jaunes grises

A. Draw and colour a number of balloons and label them correctly in French. Check the spellings of the colours in the boxes on the left.

B. Draw a picture of a street in which all the houses have coloured doors. Label the doors correctly in French. Check the spellings of the colours in the boxes on the left.

C. Draw and colour a picture of a village and farm. Work with a partner. Ask questions about each other's pictures.
exemples
Il y a un cheval?
De quelle couleur est-il?

Listening practice

R

Draw or trace the picture above (*A la campagne*) in your exercise book. Then colour it according to the instructions you will hear on the recording. (You can then use the picture for further question and answer practice with a partner.)

9 A l'épicerie

leçon neuf
neuvième leçon

In this lesson you will learn
how to say what people have and don't hav
how to say what people do and don't do
about French money and shopping in France

MAI
12
SAMEDI

Introduction

Aujourd'hui c'est le samedi douze mai. Marie-France ne travaille pas.

Elle entre dans l'épicerie de Monsieur Lucas. Elle a un grand panier et une longue liste de provisions.

Mme Lucas aussi est dans l'épicerie. Elle n'aime pas travailler dans le magasin, mais aujourd'hui elle aide M. Lucas. Le samedi ils ont beaucoup de clients.

Marie-France regarde la liste. Elle a besoin de beaucoup de provisions.

Bientôt le grand panier est plein. Marie-France paye les provisions, puis elle quitte le magasin.

Elle ne marche pas vite, parce que le panier est lourd. Quand elle arrive à la maison Marie-France est très fatiguée.

What's it all about?

1 What is the date?
2 Is Marie-France going to work today?
3 Where is she?
4 Whose shop is it?
5 What has Marie-France got with her?
6 Who doesn't like working in the shop?
7 Why does Mme Lucas have to help in the shop on Saturdays?
8 What has Marie-France come to buy?
9 What does she do after she has paid?
10 Why does she walk home slowly?

R Conversations

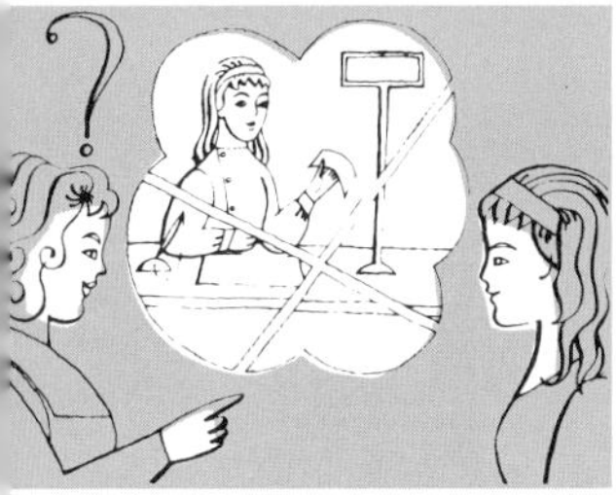

'u ne travailles pas
ujourd'hui?

A

MME LUCAS	Bonjour, Marie-France. Tu ne travailles pas aujourd'hui?
MARIE-FRANCE	Bonjour, Madame Lucas. Non, je ne travaille pas le samedi.
MME LUCAS	Tu as une longue liste de provisions, hein?
MARIE-FRANCE	C'est vrai! Regardez la liste, madame . . .

When does Marie-France not go to work?
What does she show to Mme Lucas?

'en ai ici sous le comptoir.

B

MME LUCAS	Bon, regardons la liste . . . Oui, nous avons des œufs, du sucre, de la farine et de l'huile.
MARIE-FRANCE	Je voudrais aussi une boîte de sardines.
MME LUCAS	Ah, je regrette, nous n'avons pas de sardines.
MARIE-FRANCE	C'est dommage! Est-ce que vous avez du thé?
MME LUCAS	Du thé? Henri, tu as du thé, n'est-ce pas?
M. LUCAS	Oui, bien sûr! J'en ai ici sous le comptoir.

What things does Marie-France ask for?
What hasn't Mme Lucas got?
Where is the tea?

'ous n'avez pas de petits
aquets?

C

MARIE-FRANCE	C'est combien, le thé?
M. LUCAS	C'est quinze francs le paquet, mademoiselle.
MARIE-FRANCE	Vous n'avez pas de petits paquets?
M. LUCAS	Ah non, je regrette, je n'en ai pas.
MARIE-FRANCE	Bon, c'est tout, merci. Ça fait combien?

C'est combien, le thé?
Est-ce que M. Lucas a de petits paquets de thé?

istening practice R

Mme Nicolas is telling Cécile what she wants from the shops.
Listen and you'll find out what she wants.

oing shopping

. Qu'est-ce qu'il y a dans
 panier de Marie-France?
xemple
 y a un kilo de
ucre.

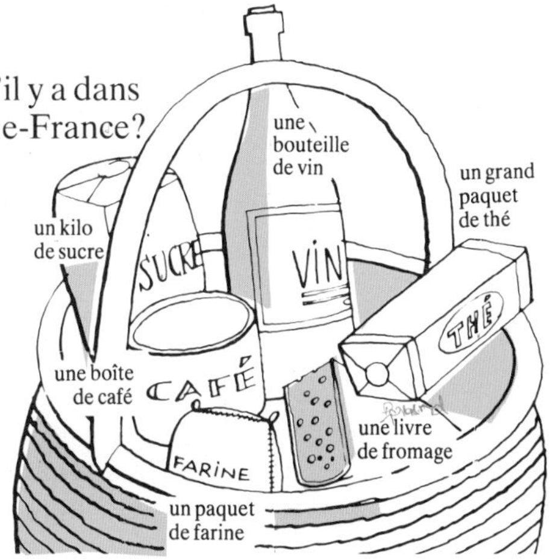
une bouteille de vin
un grand paquet de thé
un kilo de sucre
SUCRE
VIN
THÉ
une boîte de café
CAFÉ
FARINE
une livre de fromage
un paquet de farine

B. How much is it? (Find the answer in the box.)

C'est combien, le thé?

15
THÉ

C'est combien, l'huile?

HUILE
13

C'est combien, le sucre?

SUCRE
12 1kg

C'est quinze francs le paquet.
C'est treize francs la bouteille.
C'est douze francs le kilo.

pratique

Saying what is not happening or what does not happen

Je Le facteur Mme Lucas Elle	ne	travaille mange	pas	le dimanche. les oignons.
	n'	arrive aime		aujourd'hui. le chocolat.

1. What don't they like?

exemple

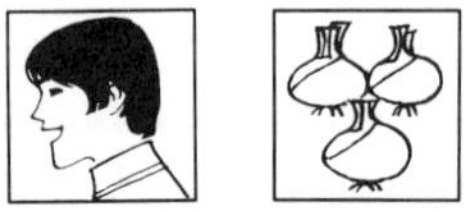

Il n'aime pas les oignons.

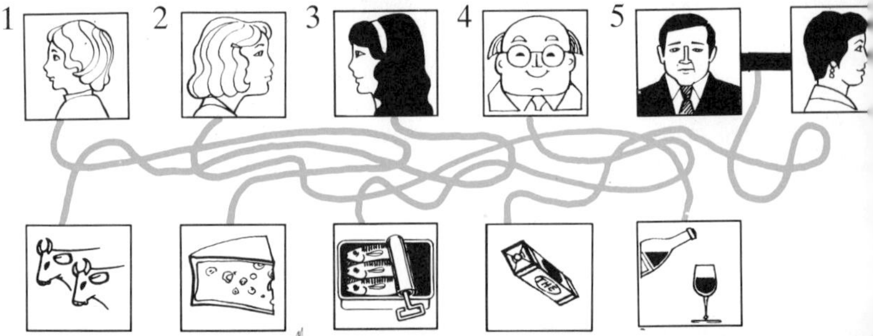

Asking and saying what people have

J'ai Tu as Il/elle a Nous avons Vous avez Ils/elles ont	un frère. une sœur? beaucoup d'amis. des œufs. du sucre? une grande maison.

Saying what you don't have

Je n'ai pas	de chocolat. de poires. de sœur(s). d'oignons.

Saying you haven't any

Je n'en ai pas.

Saying how many you've got

J'en ai un(e).
J'en ai deux.

2. Qu'est-ce qu'il y a dans l'épicerie?

exemple

Dans l'épicerie de M. Lucas il y a du vin.

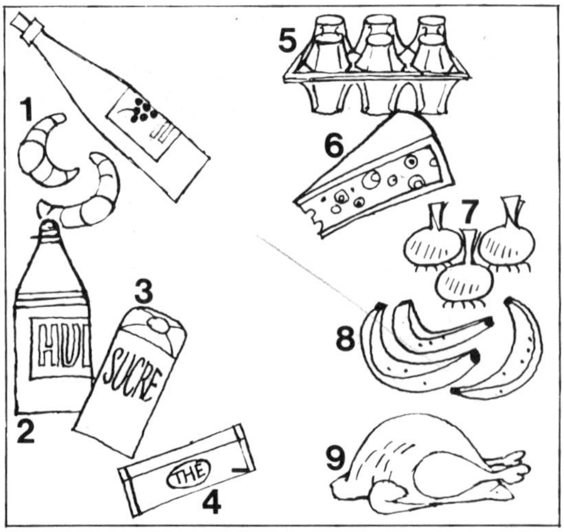
1
2
3
4
5
6
7
8
9
HUI
SUCRE
THÉ

3. Marie-France goes shopping

Imagine you are Monsieur or Madame Lucas. What do you say to Marie-France when she asks you for these things? (The picture on the left shows you what you have in stock.)

exemples

Est-ce que vous avez du vin, s'il vous plaît?

Oui, bien sûr, j'en ai.

Avez-vous des pêches?

Ah non, je n'en ai pas.

1 Est-ce que vous avez du thé?
2 Avez-vous de la soupe?
3 Vous avez des œufs?
4 Est-ce que vous avez des poires?
5 Avez-vous de l'huile?
6 Vous avez des carottes?
7 Est-ce que vous avez des oignons?
8 Avez-vous des tomates?

moi et toi

Spending money

Bonjour, Chantal! Tu as beaucoup d'argent?

Moi aussi, je suis fauché!

Qui? Moi? Je n'ai pas d'argent. Je suis fauchée!

Moi, j'ai un peu d'argent. Aujourd'hui c'est samedi et j'ai mon argent de poche.

When you go into a shop the shopkeeper might say (simply)	*Monsieur? / Mademoiselle?*
To ask you what you want	Qu'y a-t-il pour votre service? Vous désirez? Que désirez-vous, *monsieur/mademoiselle?* *Monsieur/Mademoiselle* désire?
To ask if you want something else	Et avec ça?
To ask if you have any change	Vous n'avez pas de monnaie?
	You say
To ask if *he/she* has any	Vous avez *du chocolat*? Avez-vous *des chips*? Est-ce que vous avez *de la limonade*?
To say what you would like	Je voudrais *une carte postale*.
To say that's all	C'est tout (merci).

Saying how you spend your pocket money

"Avec mon argent de poche j'achète . . . "

du chocolat
des bonbons
des cacahuètes
des disques
des cassettes
du Coca-Cola
de la limonade
des badges
des boucles d'oreilles
des vêtements
des magazines
des livres
CHIENS
des gâteaux
des cadeaux
pour mes amis
des cartes postales
des glaces
des chips
CHIPS

Tu as combien d'argent de poche chaque semaine? Qu'est-ce que tu achètes?

renseignez-vous

L'argent français

C'est une pièce de cinq centimes.

C'est une pièce de un franc.

C'est un billet de cinquante francs.

Il y a combien de pièces?
Il y a combien de billets?
Ça fait combien d'argent?

Qu'est-ce que c'est?

1
2
3
4
5
6
7

Chez le marchand de fruits et légumes

Imagine you are at the greengrocer's. Work with a partner. Practise asking and saying how much the fruit and vegetables cost.

exemple C'est combien, les pommes?
C'est six francs le kilo.

POMMES 6F le kilo
POIRES 5F le kilo
PÊCHES 8F le kg
BANANES 7F le kg
CAROTTES 3F60 le kg
OIGNONS 4F80 le kg

France-info

Shopping in France

Géant
Casino
mobis

Many French people shop at the supermarket (*le supermarché*) just as we do. At the week-end, especially, the whole family might go off in the car to a large hypermarket (*l'hypermarché*), like Carrefour or Codec. There are many more hypermarkets in France than in Britain. They are to be found on the edge of most towns, surrounded by a huge car park. In these very large stores the family can buy all they need (from food to furniture) under one roof.

But there are still many small shops in the town which sell a wide variety of food and other goods. Some French housewives still prefer to do their shopping every day and go off each morning to buy their food fresh from the market (*le marché*), the baker's (*la boulangerie*), the butcher's (*la boucherie*) and the general store (*l'alimentation générale*).

Activités

A. Set up a shop, using imitation food or empty packets. Take it in turns to be *les marchands* and *les clients*. Ask how much the goods are, and say how much you want.

exemples
C'est combien, le thé?
Un kilo de fromage, s'il vous plaît.

B. Draw a picture of a grocer's shop and label it in French.

C. La liste de provisions
Marie-France is making out a shopping list.
She says: '*Sur ma liste j'ai du fromage*'.
Continue round the class. Each person repeats the list and adds another item.
Attention! N'oubliez rien!

10 Au printemps

leçon dix
dixième leçon

In this lesson you will learn
how to say what people are wearing
the French names of some clothes
how to say where things are from
the French names for the seasons of the year

DIMANCHE

R Introduction

Aujourd'hui c'est dimanche. C'est un beau jour de printemps.

Les enfants sont contents parce qu'ils aiment le printemps.

Les Marsaud ont des vêtements neufs pour le printemps. Jean-Paul a un pantalon neuf et Monsieur Marsaud a une veste neuve. Les filles ont des robes neuves, et Madame Marsaud porte un collier neuf et de belles chaussures blanches.

Le dimanche, grand-père et grand-mère déjeunent avec les Marsaud.

Ils habitent une belle maison à la campagne.

Aujourd'hui ils arrivent de bonne heure dans une voiture blanche. C'est une voiture anglaise. Grand-père n'aime pas les voitures françaises!

What's it all about?

1 What season of the year is it?
2 What is the weather like?
3 What new clothes does Mme Marsaud have?
4 What has Jean-Paul got?
5 Who has a new jacket?
6 What have the girls got?
7 Who comes to the Marsauds' house on Sundays?
8 Do they arrive late?
9 What colour is their car?
10 Why have they got a British car?

Conversations

’est une voiture anglaise.

A

JEAN-PAUL: Oh, regardez la voiture neuve de grand-père!

MARIE-FRANCE: Oui, elle est très belle, n’est-ce pas?

CLAUDETTE: Bien sûr. Elle est formidable. J’aime bien les voitures blanches.

MME MARSAUD: C’est une voiture française?

JEAN-PAUL: Non, c’est une voiture anglaise.

What do the Marsauds think of the new car?
Is it a French car?

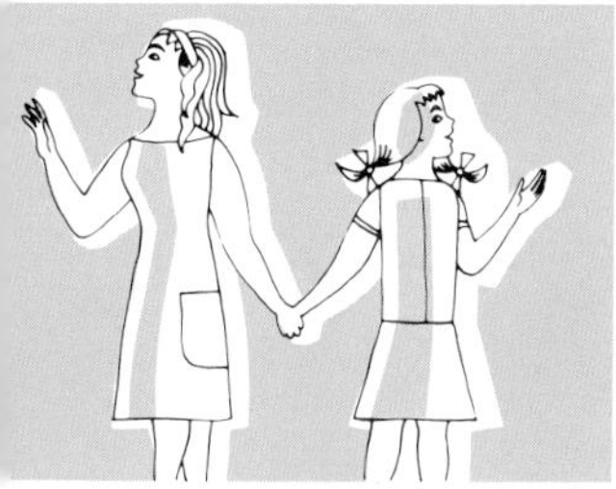

es robes sont très chics.

B

GRAND-MERE: Chérie, est-ce que tu aimes la robe neuve de Marie-France?

GRAND-PERE: Oui, elle est très chic. J’aime aussi la robe de Claudette.

JEAN-PAUL: Moi non! Elle n’est pas dans le vent.

CLAUDETTE: Tais-toi, Jean-Paul! Tu n’es pas gentil. Et ton pantalon est vieux jeu!

What does Jean-Paul think of Claudette’s dress?
What does she think of his trousers?

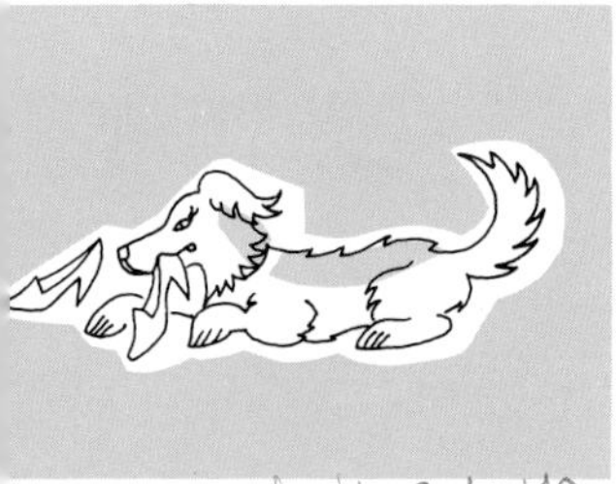

é, Bruno, ne mange pas les
aussures!

C

MARIE-FRANCE: Grand-mère, regarde le collier neuf de maman.

GRAND-MERE: Il est très chic.

CLAUDETTE: Et elle a des chaussures neuves, grand-mère.

GRAND-MERE: Oh? Où ça?

JEAN-PAUL: Les voilà sur le . . . Hé, Bruno, ne mange pas les chaussures de maman!

Qui a un collier neuf?
De quelle couleur sont les chaussures?
Qu’est-ce que Bruno mange?

istening practice

Grandad has brought a present for each of the children. Listen and see if you can find out what everyone gets.

hat do you think of them?

ork with a partner. Ask your partner if (s)he likes e new things each person has got. Take it in turns to k questions and to reply. Use the answers in the box.

Oui,	il est elle est ils sont	très chic(s). formidable(s). dans le vent.
Non,	elles sont	vieux jeu.

emple

u aimes le collier neuf
Mme Marsaud?
ui, il est très chic.

Mme Marsaud

1 
Luc

2 
Marc

3 
Martine

4 
Yves

5 
Justine

pratique

Describing things

Mme Marsaud	porte	un	beau	collier	neuf. blanc.
Grand-père	a	une	belle	voiture	neuve. blanche.
Mme Nicolas	porte	de	beaux	vêtements	neufs. blancs.
Les filles	ont	de	belles	robes	neuves. blanches.

1. Black or white?

exemple
Grand-père a une belle voiture neuve, tu sais.
Oui, c'est une voiture blanche.

Everyone has something new this Spring.
Work with a partner and hold short conversations like the one in the example.

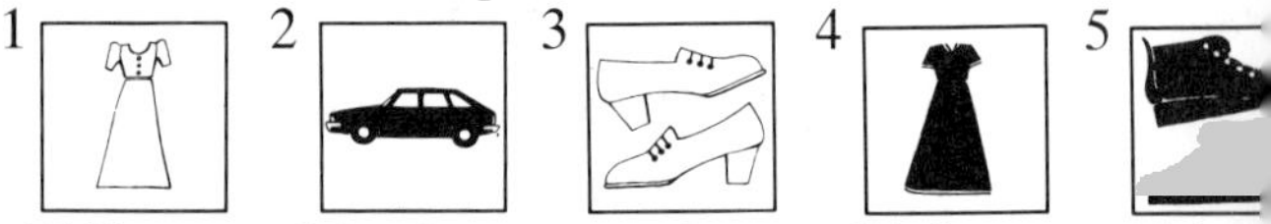

1 Hélène 2 Monsieur Nicolas 3 grand-mère 4 Cécile 5 Alain

Saying where things are from

C'est du fromage	français. anglais. écossais. gallois. irlandais.	Ce sont des robes	françaises. anglaises. écossaises. galloises. irlandaises.

2. Qu'est-ce que c'est?

exemple

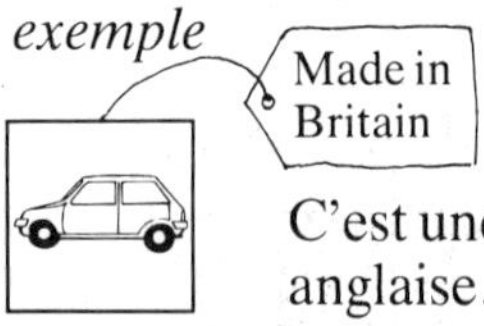
Made in Britain

C'est une voiture anglaise.

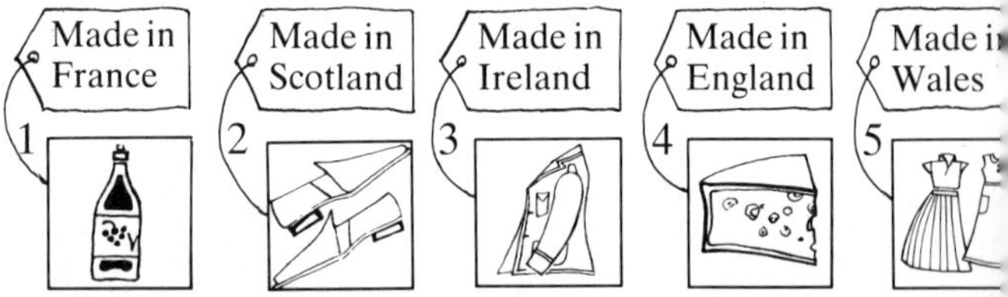
Made in France
1
Made in Scotland
2
Made in Ireland
3
Made in England
4
Made in Wales
5

Saying what you wear at different times of the year

Au printemps En été En automne En hiver	je porte	une chemise. un tee-shirt. un chandail. un anorak.

3. Claudette te demande

1. Qu'est-ce que tu portes aujourd'hui?
2. Qu'est-ce que tu portes en hiver?
3. Qu'est-ce que tu portes au printemps?
4. Qu'est-ce que tu portes en été?
5. Qu'est-ce que tu portes en automne?

un maillot de bain
un short

Les vêtements

un gant
un chapeau
une cravate
une veste
un pardessus
un pantalon
des chaussures (*f*)
un chemisier
une jupe
un manteau
un collant
un béret
une casquette
un képi
un blouson
un parapluie
un imperméable
des pantoufles (*f*)

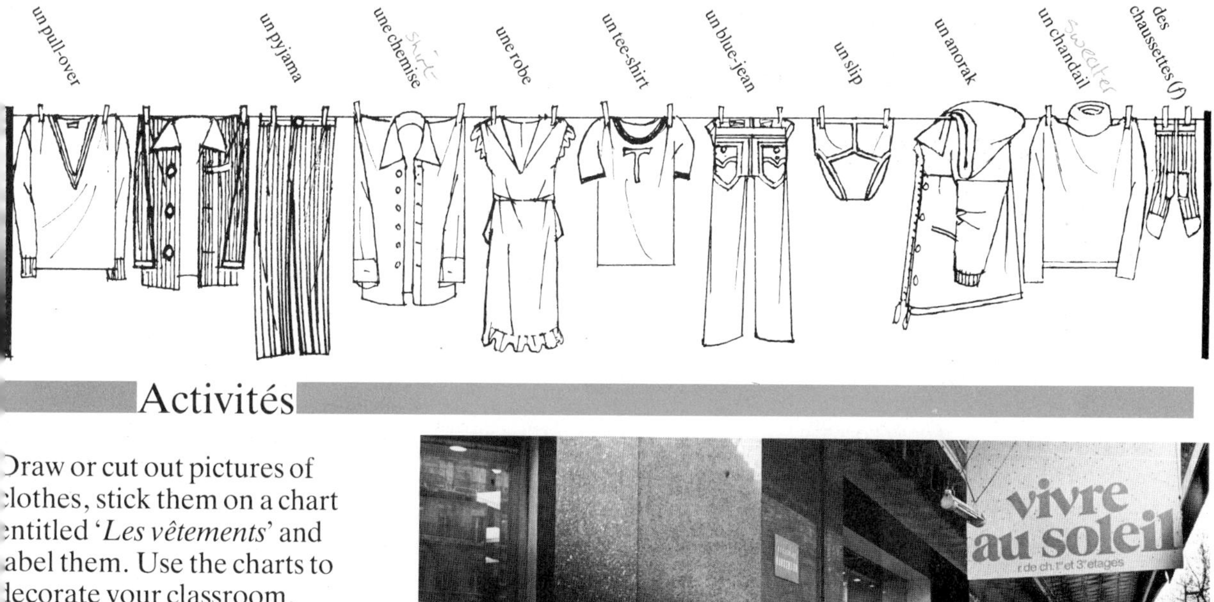
un pull-over
un pyjama
une chemise
une robe
un tee-shirt
un blue-jean
un slip
un anorak
un chandail
des chaussettes (*f*)

Activités

Draw or cut out pictures of clothes, stick them on a chart entitled '*Les vêtements*' and label them. Use the charts to decorate your classroom.

vivre au soleil
r de ch. 1er et 3e etages

11 La matinée

leçon onze
onzième leçon

In this lesson you will learn
how to say where people are going
how to make arrangements to meet people
how to ask for information
how to say how you travel
about transport in France

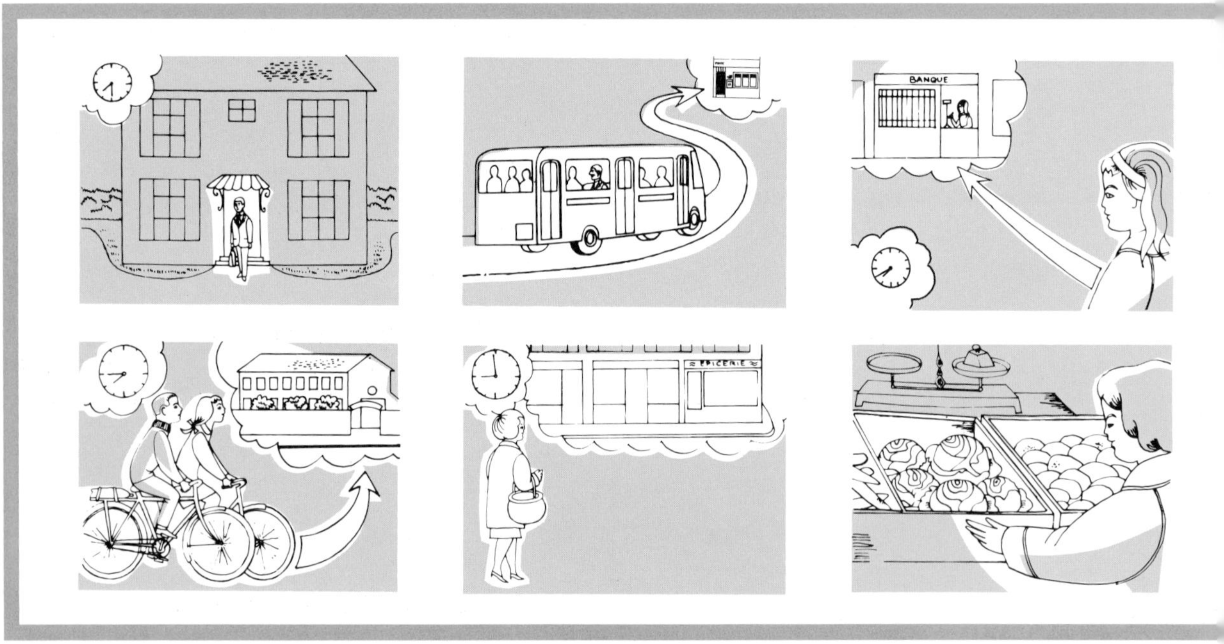

BANQUE
EPICERIE

Introduction

La journée de Monsieur Marsaud commence à sept heures et demie. A sept heures et demie il quitte la maison. . .

. . . et il va au travail en autobus. Il travaille à la Poste.

A huit heures moins vingt Marie-France quitte la maison. Elle va à pied à la banque où elle travaille.

Jean-Paul et Claudette vont au collège ensemble, à huit heures moins le quart. Ils y vont en vélo.

Vers neuf heures Madame Marsaud va en ville. Elle va d'abord à l'épicerie.

Puis elle va au marché où elle achète des légumes.

What's it all about?

1. Where does M. Marsaud work?
2. What time does he leave home?
3. How does he get to work?
4. Where does Marie-France work?
5. How does she get to work?
6. Where do Claudette and Jean-Paul go in the mornings?
7. What time does Mme Marsaud set out?
8. Where does she go first?
9. Where does she go next?
10. What does she buy?

R Conversations

e vais avec des copines.

A

MARIE-FRANCE — Maman, je vais au cinéma ce soir.
MME MARSAUD — Tu vas au cinéma? Avec qui?
JEAN-PAUL — Elle va avec Robert, maman.
MARIE-FRANCE — Tais-toi, Jean-Paul! Je ne vais pas avec Robert. Je vais avec des copines.

Where is Marie-France going this evening?
Who is she going with?

Nous y allons en autobus.

B

MME MARSAUD — Comment est-ce que vous allez en ville?
MARIE-FRANCE — Nous y allons en autobus, bien entendu.
CLAUDETTE — Et à quelle heure est-ce que tu rentres à la maison?
MARIE-FRANCE — Oh, pas tard – vers onze heures et demie.
JEAN-PAUL — Mais ça, c'est trop tard, n'est-ce pas, maman?
MARIE-FRANCE — Tais-toi, Jean-Paul! Tu es bête!

How will Marie-France get into town?
What time will she get back?
What is Jean-Paul's comment?

En retard, comme toujours!

C

CLAUDETTE — Marie-France, regarde l'heure!
MARIE-FRANCE — Mon Dieu! Il est déjà huit heures moins vingt!
MME MARSAUD — Dépêche-toi! Tu vas être en retard pour le travail.
JEAN-PAUL — Comme toujours!
MARIE-FRANCE — J'y vais. Au revoir, maman.

Quelle heure est-il?
Claudette va être en retard?
Où est-ce que Marie-France va?

Listening practice R

Where do the members of the Nicolas family go in the morning? At what time? Listen, and see if you can find out . . .

Jean-Paul te demande

1 A quelle heure est-ce que tu quittes la maison le matin?
2 Est-ce que tu vas à l'école en bus?
3 A quelle heure est-ce que tu arrives à l'école?
4 Tu vas à l'école le samedi?
5 A quelle heure est-ce que tu quittes l'école le soir?
6 Tu rentres à la maison à pied?

pratique

Saying where people are going

Je	vais	en ville. à Paris. à la banque. à l'église. au café.
Tu	vas	
Il Elle	va	
Nous	allons	
Vous	allez	
Ils Elles	vont	

Saying where you are and where you are going

Je suis Je vais	au	cinéma. marché.
	à la	banque. gare.
	à l'	église. épicerie
	à	Paris.
	en	ville.

Who's going where?

C'est samedi. Tout le monde va en ville.
a) Où est-ce qu'ils vont?
b) Où est-ce qu'ils ne vont pas?

exemple

BOUCHERIE

Monsieur Lafayette va à la boucherie.

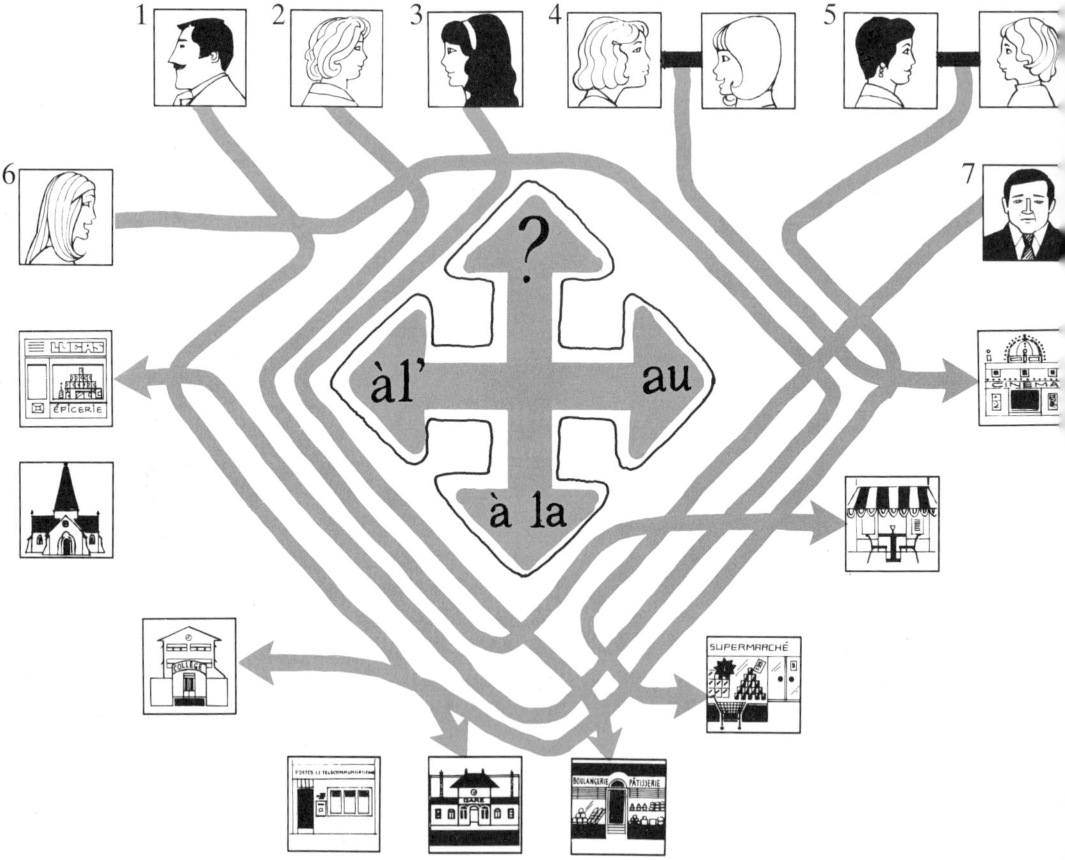
1
2
3
4
5
6
7
?
àl'
au
à la
LUCAS
ÉPICERIE
CINEMA
COLLÈGE
SUPERMARCHÉ
GARE
BOULANGERIE
PÂTISSERIE

Making arrangements

Salut, Chantal! Je vais à un concert ce soir. Tu viens?
Non, merci. Je ne peux pas venir. J'ai trop de travail.
Moi non plus. Je n'ai pas d'argent.

	You say
To ask where someone is going	Où (est-ce que) tu vas? Où vas-tu?
To suggest that you go together	Allons ensemble.
To ask someone to go with you	Tu viens (avec moi) *au concert*?
To invite someone to *a party*	Je t'invite à *une surprise-partie*.
To say you can't go	Je ne peux pas venir.
To accept (and ask what time)	Oui. D'accord. (A quelle heure?)
To ask where you will meet	Où est-ce qu'on se retrouve?
To say you will meet outside *the cinema*	Je te retrouve devant *le cinéma*.
To say you will see someone later	A tout à l'heure.

Conversation

Imagine that you meet a friend as you are coming out of school. This is what he says to you. What do you say to him?

Work with a partner and practise the conversation. Take it in turns to be the friend.

TON AMI Salut! Ça va?
TOI . . . .
TON AMI Où est-ce que tu vas ce soir?
TOI . . .  . . .
CINEMA
TON AMI Moi aussi. Tu viens avec moi?
TOI (✓). . . . .  . . . . .
?
TON AMI A sept heures. D'accord?
TOI (✓) . . .
TON AMI Devant l'église, O.K.?
TOI (✓)
TON AMI Alors, à tout à l'heure.
TOI . . .

renseignez-vous

How do you get there?

Tu vas **à Paris? / au cinéma?**

Comment est-ce que tu **y** vas?

Vous allez **à l'église? / en ville?**

Comment est-ce que vous **y** allez?

J'	y	vais	à pied. par le train.
Nous		allons	

1. Où (est-ce que) tu vas?

Je vais

au / à l' / à la

1

CINÉMA

2

LUCAS
ÉPICERIE

3

GARE

4

BOULANGERIE
PÂTISSERIE

5

SUPERMARCHÉ

6

2. Comment est-ce que tu y vas?

1 un avion
2 un bateau
3 un train
4 un (auto) bus
5 un car
6 une camionnette
7 une voiture
8 un camion
TAXI
9 un vélomoteur
10 un taxi
11 un cheval
12 un vélo

Find the answer in this box.

- en (auto)bus
- en vélo
- en bateau
- en car
- en vélomoteur
- en avion
- en voiture
- en taxi
- en camionnette
- en camion
- par le train
- à cheval

J'y vais **en / à / par . . .**

Work with a partner. Use the pictures on this page to ask each other questions about where each of you is going and how you will get there.

France-info

Transport in France

Road. There is a good road system in France, but there are far fewer motorways (*autoroutes*) than in Britain. And drivers who use the motorways have to pay a toll to drive on them.

You have to be 18 to drive a car in France, but at 14 you can ride a *vélomoteur* (of less than 50cc) without a licence and without passing a test!

Air. France was one of the first countries in the world to have an international airline. Today there are two international airlines based in France, Air France, with the famous Concorde, and U.T.A. There is also an extensive internal airline, Air Inter, with a network of flights serving all the principal cities of France.

Rail. The first passenger train in France ran from Saint-Etienne to Lyon in 1830. Now, the French railway system, S.N.C.F. (*Société Nationale des Chemins de Fer Français*), is a fast and efficient system with nearly 12,000 trains, and they usually run on time!

Water. There is now a renewed interest in France in inland waterways, both for commercial transport and for leisure activities. There are more than 7,500km of navigable waterways, 4,000km of which are canals, often much wider than those in Britain.

Find out all you can about transport in France and write an article for your scrapbook.

À quelle distance . . . ?

	Paris	Bordeaux	Cherbourg	Grenoble	Lille	Lyon	Strasbourg
Bordeaux	560						
Cherbourg	340	650					
Grenoble	560	680	900				
Lille	225	790	470	785			
Lyon	460	575	800	105	680		
Strasbourg	460	950	800	560	625	460	
Toulouse	970	860	1300	370	915	540	1000

A. Work with a partner and ask each other questions in French about the distances between these large French towns and cities.

exemple Paris est à quelle distance de Bordeaux?
A cinq cent soixante kilomètres.

100 cent
200 deux cent
1.000 mille
1.500 mille cinq cents
2.000 deux mille

B. Cherchez la ville!

You say the distance, your partner must find the town.

exemple
C'est une ville à neuf cent cinquante kilomètres de Bordeaux.
C'est Strasbourg.

12 Le vendredi soir

leçon douze
douzième leçon

In this lesson you will learn
to say what time people finish work
to talk about giving things to others
to talk about when and how often you do things

Confiserie

R Introduction

La journée de M. Marsaud finit vers six heures. Le vendredi soir, il quitte le bureau et il va en ville à pied.

D'habitude, il entre dans une confiserie.

Là, il choisit des chocolats pour Mme Marsaud et des bonbons pour les enfants. Dans la confiserie, il y a beaucoup de clients. Les clients choisissent des bonbons. Ils remplissent des petits sacs et ils payent les bonbons au comptoir.

M. Marsaud quitte la confiserie et il rentre à la maison en autobus.

Il y arrive à sept heures moins le quart et il entre dans le salon.

Claudette et Jean-Paul travaillent à la table dans la salle à manger.

What's it all about?

1 What time does M. Marsaud finish work?
2 How does he go into town?
3 Which shop does he usually go into?
4 What does he choose?
5 What are the other customers doing?
6 What do they do when they have made their choice?
7 How does M. Marsaud get home?
8 What time does he arrive home?
9 Where are the children?
10 What are they doing?

R Conversations

A *A la confiserie*

e voudrais payer ces bonbons, 'il vous plaît.

LA VENDEUSE	Monsieur?
M. MARSAUD	Je voudrais payer ces bonbons, s'il vous plaît.
LA VENDEUSE	C'est cinq cents grammes à trente francs le kilo.
M. MARSAUD	Ça fait quinze francs, n'est-ce pas?
LA VENDEUSE	C'est ça, monsieur. C'est tout?
M. MARSAUD	Non, la boîte de chocolats aussi.
LA VENDEUSE	Ah bon, c'est vingt-cinq francs. Alors, vingt-cinq francs et quinze francs, ça fait . . .
M. MARSAUD	Quarante francs, madame . . . Voilà.
LA VENDEUSE	Merci, monsieur. Au revoir, monsieur.

How much does M. Marsaud pay for the sweets?
What else does he buy?
How much does he pay altogether?

B *Chez les Marsaud*

)ù êtes-vous, les enfants?

Ious sommes dans la salle à ianger, papa.

M. MARSAUD	Où êtes-vous, les enfants?
JEAN-PAUL	Nous sommes dans la salle à manger, papa.
CLAUDETTE	Nous finissons nos devoirs.
JEAN-PAUL	Mais c'est l'heure du dîner maintenant. J'ai faim.
M. MARSAUD	Alors, finissez les devoirs après le dîner.
CLAUDETTE	Dis, papa, tu as des chocolats? J'ai faim, moi aussi.
M. MARSAUD	Oui, j'en ai, mais ils ne sont pas pour vous, les enfants.
JEAN-PAUL	Tant pis! Mais tu as des bonbons pour nous, n'est-ce pas?
M. MARSAUD	Patience, mon fils! Après le dîner, peut-être . . .

Où sont les enfants?
Qu'est-ce qu'ils finissent?
Est-ce que M. Marsaud a des bonbons pour les enfants?
Est-ce qu'il a des chocolats pour Claudette?

,istening practice R

Listen to the conversation and see if you can find out the answers to the questions below.

Why is Claudette surprised?
What time does Marie-France finish work today?
Where is she going after dinner?
4 What will she do there?
5 What does Jean-Paul ask?
6 Who is Marie-France going with?

pratique

Finishing times

Je Tu	finis	à quatre heures de l'après-midi.
Il Elle	finit	à midi. à douze heures. à seize heures.
Nous	finissons	
Les cours	finissent	

Telling someone to finish something

Finis	le travail,	Hélène.
Finissez	l'exercice,	les enfants.

1.a) A quelle heure est-ce qu'ils finissent le travail?

exemple Il finit le travail à deux heures de l'après-midi.

14:00

1
2
3
4
17:00
17:30
18:00
17:45

b) Qu'est-ce qu'ils disent?
exemple
Moi, je finis le travail à quatorze heures.

Giving

Je (j') Il Elle	donne offre	un cadeau une glace des bonbons des chocolats	à	mes parents. Jean-Paul. papa. grand-mère. maman.
Ils Elles	donnent offrent			
		~~à le~~	au	professeur.
		~~à les~~	aux	amis.

2. Who's giving what to whom? Commencez: 1. Alain donne/offre une . . .

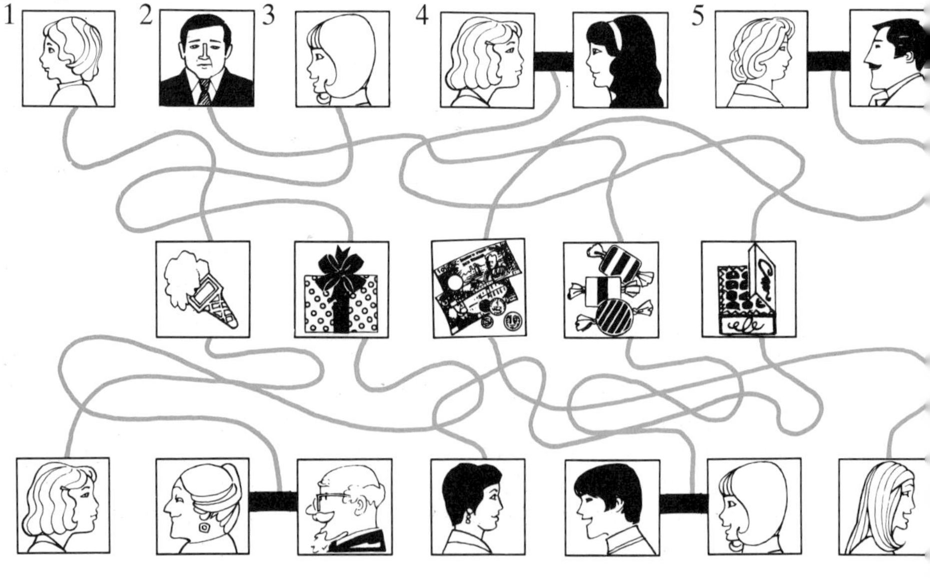
1
2
3
4
5

moi et toi

Saying when you do things

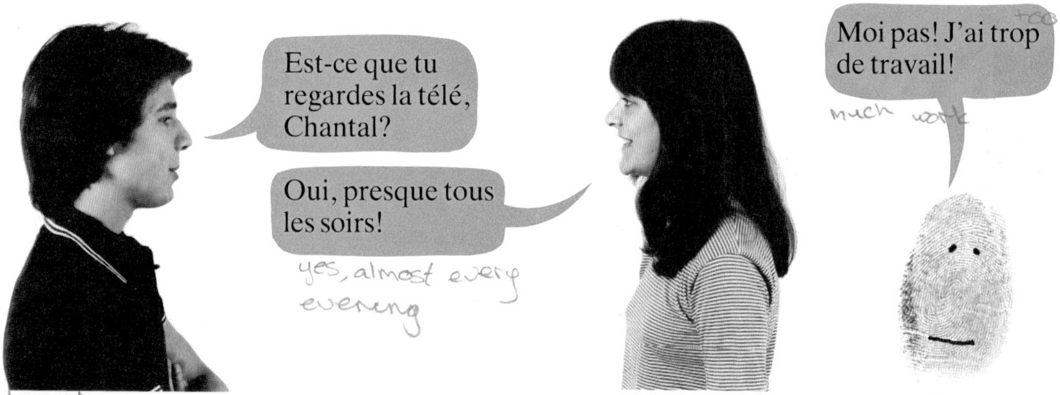
Est-ce que tu regardes la télé, Chantal?
Oui, presque tous les soirs!
Moi pas! J'ai trop de travail!

	You say
every evening	Je travaille tous les soirs.
every day	Je vais tous les jours chez mon ami(e).
all the time	Je parle tout le temps avec mes amis.
often	J'écoute souvent des disques.
from time to time	Je regarde de temps en temps la télé.
sometimes	Je vais quelquefois à un match de football.
never	Je ne vais jamais à la bibliothèque.
on Fridays	Le vendredi, je vais au club.
in the evening(s)	Le soir, je fais mes devoirs.

Claudette te demande

1 Quand est-ce que tu vas à l'église?
2 Quand est-ce que tu vas à l'école?
3 Tu vas souvent à la bibliothèque?
4 Est-ce que tu vas de temps en temps au cinéma?
5 Où vas-tu le samedi matin?
6 Que fais-tu le soir?
7 Est-ce que tu vas aux matchs de football?
8 Tu vas quelquefois en France?

Jean-Paul te parle

A la confiserie nous achetons des bonbons et des chocolats. A la pâtisserie nous achetons des gâteaux pour grand-mère. En France la confiserie et la pâtisserie sont souvent dans le même magasin. Le magasin s'appelle alors une confiserie-pâtisserie.

A la boulangerie nous achetons du pain et des croissants. Quelquefois la boulangerie est une confiserie et une pâtisserie aussi!

Tu aimes les bonbons et les chocolats? Moi, j'aime les bonbons, mais je préfère les chocolats. Quelquefois le samedi, quand j'ai mon argent de poche, je vais à la confiserie avec Claudette. Nous y choisissons des chocolats et moi, j'achète des bonbons et une glace. Quand j'entre dans la confiserie j'ai beaucoup d'argent. Mais quand je quitte le magasin je n'en ai plus!

leçon treize
treizième leçon

13 Après les cours

In this lesson you will learn
how to talk about buying things
how to say you're hot, cold, hungry or thirsty
how to say what you like doing
about playing games and about sport in France

GLACES

R Introduction

Pour Jean-Paul et les copains les cours finissent à quatre heures et demie.

D'habitude ils vont au jardin public près du collège. Là, ils jouent au ballon.

Cet après-midi, Jean-Paul va seul au jardin public. A l'entrée, il achète une glace. Il fait du soleil aujourd'hui et Jean-Paul a chaud.

Bientôt, Pierre et Henri arrivent. Ils achètent des glaces . . .

. . . puis les trois amis entrent dans le jardin public.

Il fait chaud cet après-midi et les garçons enlèvent leurs vestes. Ils ont déjà chaud, et ils vont jouer au football . . .

What's it all about?

1 What happens at half past four?
2 Where do the boys usually go?
3 What is the weather like today?
4 What does Jean-Paul do?
5 Where is the ice-cream seller?
6 How does Jean-Paul feel?
7 What do Pierre and Henri do?
8 Where do they go with Jean-Paul?
9 Why do the boys take their jackets of
10 What are they going to do?

R Conversations

GLACES

l achète une glace.

A

PIERRE	Regarde, voilà Jean-Paul là-bas.
HENRI	Où ça?
PIERRE	A l'entrée du jardin public.
HENRI	Ah oui, il achète une glace. Quelle bonne idée!
PIERRE	Moi aussi, j'achète une glace. J'ai chaud!

Where is Jean-Paul?
What is he doing?

GLA(

)eux glaces au chocolat,
'il vous plaît, madame.

B

PIERRE	Je t'offre une glace. Quel parfum?
HENRI	Euh . . . chocolat, s'il te plaît.
PIERRE	(*A la marchande de glaces*) Deux glaces au chocolat, s'il vous plaît, madame.
LA MARCHANDE	Des grandes ou des petites?
PIERRE	Euh . . . des petites. Je suis fauché!
LA MARCHANDE	Voilà. C'est quatre francs.
PIERRE	Merci, madame.

Who pays for the ice-creams?
Why does he buy small ones?
What flavour is the ice-cream?

)épêche-toi, Pierre!
.ance le ballon!

C

JEAN-PAUL	Dépêche-toi, Pierre! Lance le ballon!
HENRI	Allons . . . jouons au football!
PIERRE	Voilà . . . attrape le ballon, Jean-Paul!
HENRI	Oh là là! . . . ATTENTION, MADAME!
LA MARCHANDE	Oh, mes glaces! Espèces d'idiots! Allez! Allez-vous-en!

Est-ce que les garçons vont jouer au tennis?
Qui lance le ballon?
Est-ce que Jean-Paul attrape le ballon?

.istening practice R

What are they buying? Listen to the conversation and see if you can find out . . .

:hoose the sentences which
›est describe each picture.

Il fait du soleil aujourd'hui.
Jean-Paul joue au football.
Jean-Paul a chaud.
Il attrape le ballon.
C'est un beau jour de printemps.
Jean-Paul lance le ballon.
Bruno joue dans le jardin.
Jean-Paul et Bruno jouent au football.

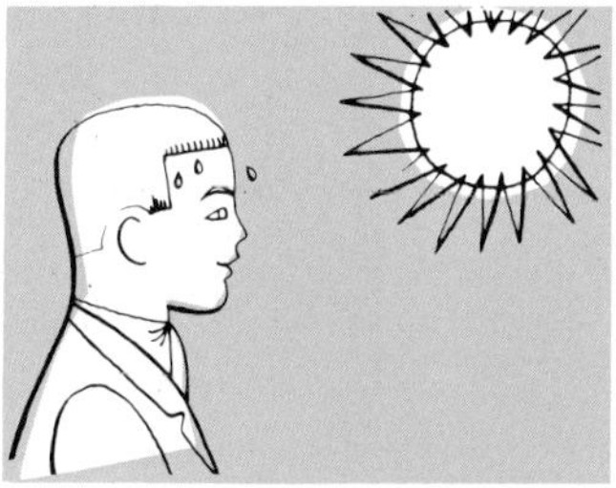

pratique

Buying things

J' Il Elle	achète	une glace. un Coca-Cola. une limonade. un blue-jean. une veste neuve. un vélo neuf.
Tu	achètes	
Nous	achetons	
Vous	achetez	
Ils Elles	achètent	

Playing games

Moi, je joue Les enfants jouent	au	football. rugby. hockey. tennis. basket-ball. volley-ball.
	aux	cartes. échecs. dames.

1. Everyone is in town today.
What are they buying?

exemple

Mme Marsaud?

Elle achète du thé.

1  Claudette?

2  Monsieur Nicolas?

3  Alain et Cécile?

4  Pierre?

5  M. et M Marsau

2. It's Sunday afternoon.
What is everyone playing?

exemple

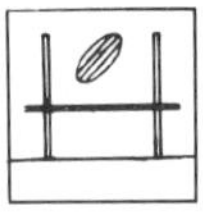

Jean-Paul

Jean-Paul joue au rugby.

1  Claudette

2  Marie-France et Hélène

3  Pierre et Henri

4  M. et Mme Nicolas

5 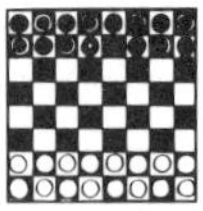 Robert

6  Alain e Cécile

Saying you're hot, hungry, thirsty or cold!

J'ai chaud!
J'ai faim!
J'ai soif!
J'ai froid!

3. What might these people be saying?
Choose the right answer from the box.

1 Jean-Paul mange des croissants.
2 Hélène et Cécile achètent de la limonade.
3 Claudette achète un Coca-Cola.
4 M. Marsaud cherche un pardessus.
5 Les garçons enlèvent leurs vestes.
6 Henri enlève sa chemise.
7 Les filles cherchent leurs anoraks.
8 M. et Mme Nicolas mangent des chips.

J'ai faim.
Nous avons soif.
J'ai chaud.
Nous avons froid.
J'ai soif.
Nous avons faim.
J'ai froid.
Nous avons chaud.

Saying what you like doing

Dis, Chantal, tu aimes danser?
Oui, mais j'aime mieux aller au théâtre.
Moi, je préfère jouer au tennis!

	You say
To say what you like doing	Moi, j'aime *aller aux matchs de football*.
To say what you prefer doing	(mais) je préfère *jouer aux cartes*. *aller au club*. J'aime mieux *rester à la maison*. *écouter des disques*.
To say what you don't like doing	Je n'aime pas *travailler dans le jardin*. *danser*.
To tell someone you hope they have a good time	Amuse-toi bien! / Amusez-vous bien!

Activités

A. Tell your partner in French what you like doing. Ask if (s)he agrees.
exemple
Moi, j'aime jouer aux dames. Et toi?
Moi non. Je préfère jouer au basket.
Moi aussi.

A busy week for Hélène

B. Can you say what Hélène is doing each day, and at what time? ▶
exemple
Lundi soir, à sept heures, elle va au cinéma avec Robert.

C. Work with a partner. Take it in turns to be Hélène. Ask each other questions about the diary.
exemples
Qu'est-ce que tu fais samedi après-midi?
A quelle heure?

lundi	19h. cinéma avec Robert
mardi	19h30 tennis avec Marie-France
mercredi	14h30 chez le dentiste! 20h 30 aller danser avec Robert.
jeudi	rester à la maison
vendredi	19h 30 théâtre
samedi	14h aller au match avec R. 21h30 Club
dimanche	8h église avec grand-mère 14h 30 faire les devoirs 20h 30 Film à la télé

L'agenda d'Hélène

renseignez-vous

Buying ice-creams, drinks and snacks

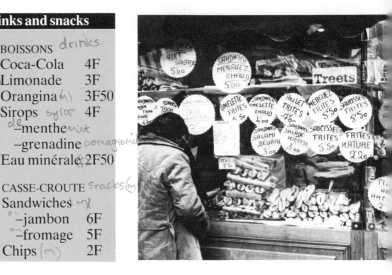

GLACES 2F, 3F, 4F
Parfums –
Vanille
Fraise
Pistache
Abricot
Framboise
Citron
Chocolat
Café
Orange
Cassis

BOISSONS	
Coca-Cola	4F
Limonade	3F
Orangina	3F50
Sirops	4F
–menthe	
–grenadine	
Eau minérale	2F50

CASSE-CROUTE	
Sandwiches	
–jambon	6F
–fromage	5F
Chips	2F

SANDWICH MERGUEZ CHAUD 5.00
Treets
OMELETTE FRITES 5'50
POULET FRITES
MERGUEZ FRITES 5'50
SAUCISSES FRITES 5'50
SAUCISSES FRITES 5'50
FRITES NATURE 2'20
SANDWICH SALAMI BEURRE 3.00

R Conversation

UNE FILLE — Deux glaces à 2F, s'il vous plaît.
LA MARCHANDE — Quel parfum? Vanille, fraise, pistache . . .
LA FILLE — Une à la vanille, et une au cassis.
LA MARCHANDE — Voilà. C'est 4F. Merci.
UN GARÇON — Un Orangina, et une bouteille d'eau minérale, s'il vous plaît.
LA MARCHANDE — Voilà.
LE GARÇON — Merci. Qu'est-ce que vous avez comme casse-croûte?
LA MARCHANDE — Des sandwiches, des chips . . .
LE GARÇON — Alors, un sandwich au jambon et un au fromage, et un paquet de chips, s'il vous plaît.
LA MARCHANDE — Ça fait dix-neuf francs . . . Merci.

	You say
To offer to buy your friend an ice-cream, or a drink	Je t'offre *une glace* / *une boisson*.
To ask what flavour someone wants	Quel parfum?
To ask someone what they want	Qu'est-ce que tu veux comme *boisson*?
To ask for an ice-cream of a certain flavour	Une glace *à la vanille* / *au cassis* / *à l'abricot*
To ask for a sandwich of a certain kind	Un sandwich au *jambon* / *fromage*.
To ask for a packet of something	Un paquet de *chips*.

► Work in groups of three. One person asks another in the group what (s)he would like and then orders it from the third person (*la marchande*).
La marchande can then work out the cost of each order.

exemple
Deux glaces à trois francs, ça fait six francs et un sandwich au jambon, cinq francs, ça fait . . . euh . . . onze francs.

France-info

Sport and leisure

The Tour de France cycle race is France's most famous and popular sporting occasion.

A family picnic is a popular Sunday activity.

French people take their sport and leisure very seriously. They are increasingly interested in sport, both as spectators and participants. As in Britain, football (*le football*) and fishing (*la pêche*) are extremely popular, but there are also opportunities to play and watch a wide variety of sports, including ski-ing (*le ski*), gymnastics (*la gymnastique*), basket-ball (*le basket-ball*), athletics (*l'athlétisme*), riding (*les sports équestres*), rugby (*le rugby*) and swimming (*la natation*).

However, very few of these activities take place in school.

Not everyone likes taking part in sport. Family outings and picnics (*le pique-nique*) are popular activities, particularly at week-ends (*le week-end*).

Many young people prefer to meet their friends (*retrouver les amis*) on Saturdays and Sundays. They might go to the cinema as a group or go to a disco (*une discothèque*).

Some, of course, will stay at home and watch T.V. (*regarder la télé*) or listen to the radio (*écouter la radio*).

A game of volley-ball on the beach.

Many young French people like to go dancing on Sunday afternoons.

14 A la gare

leçon quatorze
quatorzième leçon

In this lesson you will learn
how to say what you are going to do
to say when you are going to do things
how to ask for information

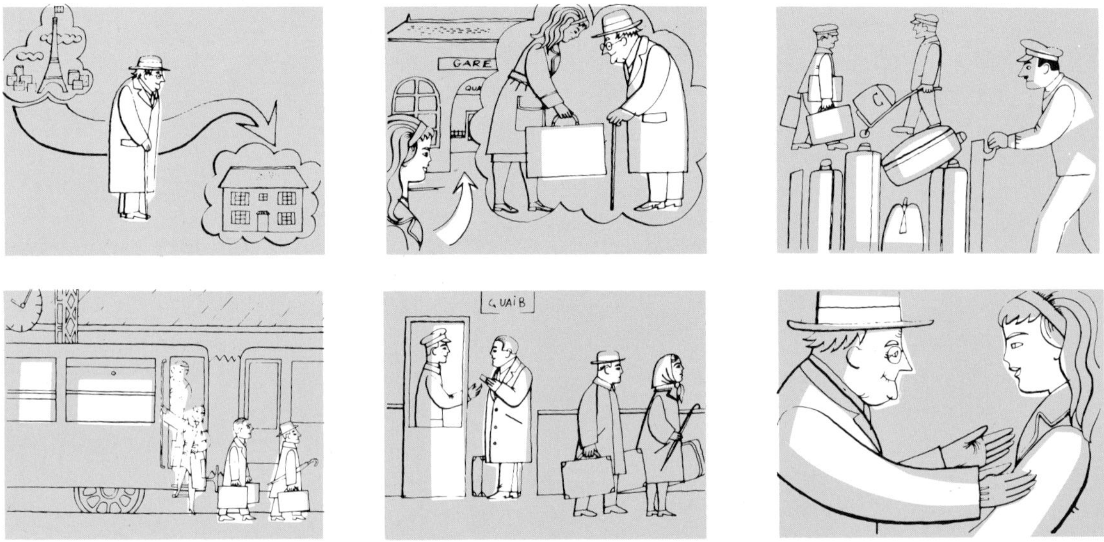
GARE
QUAI B

Introduction

Aujourd'hui c'est samedi. Grand-père va arriver de Paris.

Marie-France va à la gare. Elle y va aider grand-père, parce qu'il est vieux.

A la gare tout le monde a l'air très pressé. Tous les porteurs travaillent. Ils portent des bagages.

A dix heures cinq le train de grand-père arrive. Trois voyageurs descendent du train.

Ils donnent leurs billets au contrôleur à la sortie du quai.

Là, Marie-France retrouve grand-père . . .

What's it all about?

1 What day is it?
2 Where is grandad travelling from?
3 Where does Marie-France go?
4 What is she going to do?
5 What is happening at the station?
6 What are the porters doing?
7 What time does the train arrive?
8 How many passengers get off the train?
9 What do they do with their tickets?
10 Where does Marie-France meet grandad?

Conversations

:a va, Marie-France. Et toi?

A

MARIE-FRANCE Bonjour, grand-père. Ça va?
GRAND-PERE Ça va, Marie-France. Et toi?
MARIE-FRANCE Très bien, merci, grand-père. Grand-mère va bien?
GRAND-PERE Oui, oui. Elle va très bien.

How does Marie-France greet her grandad?
What does she ask about her grandma?

\h zut! Le train part.

B

GRAND-PERE Mais regarde le vieux monsieur là-bas, Marie-France.
MARIE-FRANCE Le pauvre homme! Il va manquer le train.
GRAND-PERE Monsieur! Vous allez manquer le train!
LE VIEUX MONSIEUR Ah zut! Le train part.
LE CONTROLEUR C'est dommage, monsieur. Mais il y en a un autre dans quinze minutes.

Why is the old man unhappy?
How long will he have to wait?

\llons chercher un taxi.

C

MARIE-FRANCE Où sont tes bagages, grand-père?
GRAND-PERE Les voilà, là-bas. Mais je vais chercher un porteur.
MARIE-FRANCE Oh, il n'y en a pas. Ils sont tous occupés. Donne-moi une de tes valises . . . Oh, là, là!
GRAND-PERE Elle est lourde, hein? Allons chercher un taxi . . .

Est-ce qu'il y a un porteur? Pourquoi?
Comment est la valise?
Qu'est-ce que Marie-France et grand-père vont chercher?

.istening practice
3

Listen carefully to the recording and look at the timetable below. See if you can discover where the people are going.

:enseignements

nagine you are a clerk in the
ıformation office at the station.
Vhat would you say in answer
ı these inquiries?
xemple
e voudrais aller à Paris.
\lors, vous prenez le train de
uit heures, et vous arrivez à
'aris à onze heures et demie.

1 Je voudrais aller à Brest.
2 Je voudrais aller à Nantes.
3 Je voudrais aller à Dijon.
4 Je voudrais aller à Rennes.

Horaire des trains

En direction de	Départ	Arrivée
Paris	08.00	11.30
Brest	08.30	10.30
Rennes	09.30	11.00
Nantes	07.00	08.30
Dijon	01.00	12.00

pratique

Telling people to fetch things

Jean-Paul,	va chercher	Claudette. le projecteur. les cahiers. les cassettes.
Vous autres, Toi et toi,	allez chercher	

Saying what people are going to do

Je vais Il va Nous allons Elles vont	retrouver grand-pèr chercher un porteur. manquer le train. aller à Paris.

1. Monsieur Lafayette asks the children in his class to fetch things.
What does he say to them?

exemple

Claudette

Claudette, va chercher les cahiers, s'il te plaît.

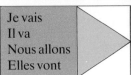

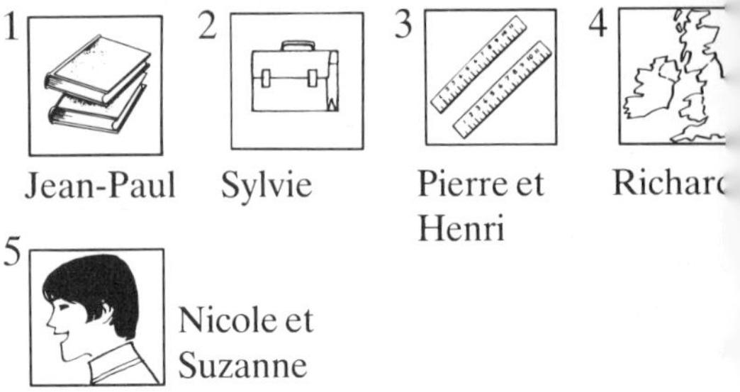
1
2
3
4
Jean-Paul
Sylvie
Pierre et Henri
Richar
5
Nicole et Suzanne

2. Who's going to do what this evening?

exemple Hélène va retrouver Marie-Franc

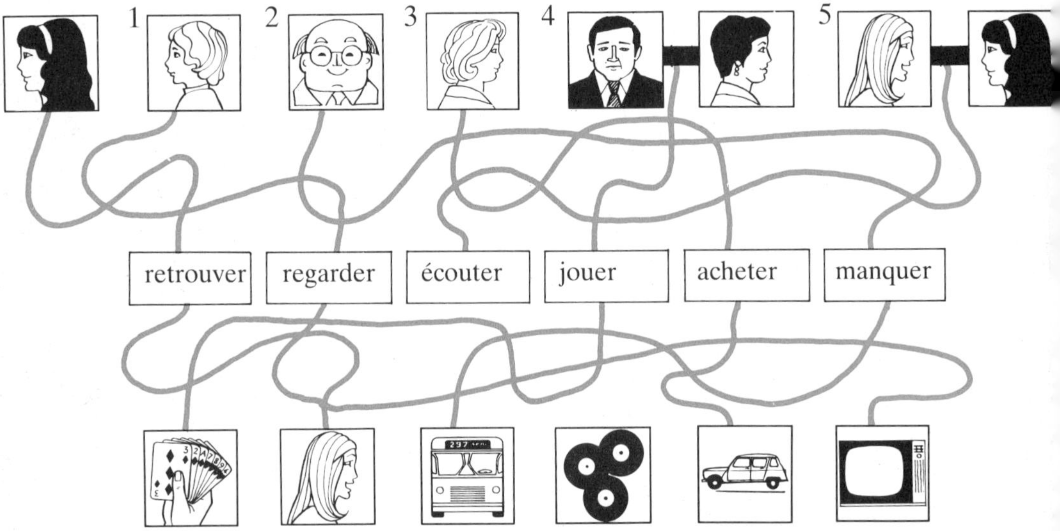
1
2
3
4
5
retrouver
regarder
écouter
jouer
acheter
manquer
297

moi et toi

Imagine that you are going to town next Saturday morning to buy some new clothes.
In the evening you are going to a party (*une surprise-partie*).

On t'invite à
une surprise-partie
chez Anne et Roger
samedi 14 mai
20h - 23h30 RSVP

Claudette te demande.

1 Où est-ce que tu vas aller samedi matin?
2 Qu'est-ce que tu vas acheter?
3 Où est-ce que tu vas aller le soir?
4 Qu'est-ce que tu vas porter?
5 A quelle heure tu vas arriver?
6 Qu'est-ce que tu vas faire à la surprise-partie?
7 A quelle heure est-ce que tu vas quitter la surprise-partie?
8 A quelle heure est-ce que tu vas rentrer à la maison?

renseignez-vous

Asking for information

	You say
To ask for information about something	Je cherche des renseignements sur . . .
To ask where the *police station* is	Pardon . . . Où est *le commissariat*, s'il vous plaît?
To ask for directions to somewhere	Pour aller à *la gare*, s'il vous plaît?
To ask if there is *a station* nearby	Il y a *une gare* près d'ici?
To ask at what time *the train leaves*	A quelle heure *part le train*?
To ask how far it is to somewhere	*Paris* est à quelle distance? Nous sommes à quelle distance de *Paris*?

Some places you might need to look for . . .

DE POLICE
POLICE

police station

voyages
centre d'informations voyages
NEW-YORK

travel agent's

TOURIST OFFICE
SYNDICAT D'INITIATIVE

tourist information office

Gare Routière
Parking Interdit

us station

MAIRIE

town hall

toilettes

and, of course . . .

Activités

A. Work with a partner. Practise asking some of the above questions and make up your own answers. Take it in turns to answer the questions.

B. Turn to p.32 and practise asking for and giving directions to the places shown on the plan.

checkpoints

1. Describing people

Can you describe in French what these people are wearing?

2. Describing things

Can you say in French which of these things are big, and which are small?

3. Asking the price of things

Can you ask the price of each of these things?

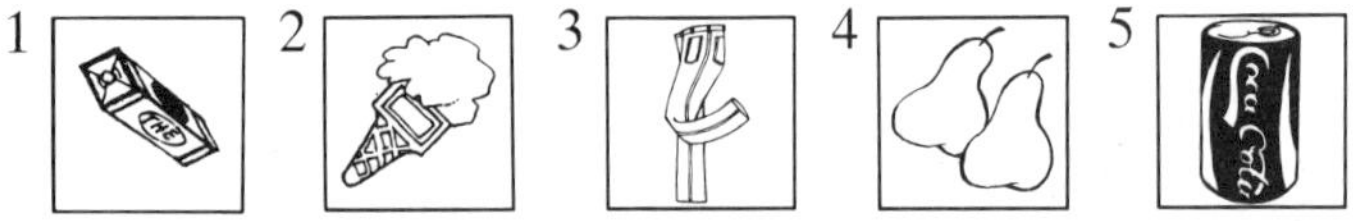

4. Asking for things in shops

Imagine you are in a shop. How would you ask for each of these?

5. Expressions of quantity

What would you say to ask for each of these things?

SUCRE

6. Shopping

What would the shopkeeper mean if he said these things to you?

Vous désirez?
Et avec ça?
C'est tout?
Ça fait dix francs soixante.
Quel parfum?
Vous n'avez pas de monnaie?

7. Saying where you are going

How would you say you are going to these places?

1 
2 
3 
HÔPITAL
4 
5 

8. Saying how often

How often do you go to these places?

9. Saying how you get there

You are going to town. Can you say how you will get there?

1 
297
2 
3 
4 
5 

10. Talking about what you like doing

Can you say which of these things you like doing, and which you don't like doing?

aller au collège
aller au cinéma
jouer au football
écouter des disques
jouer aux cartes
acheter des vêtements
regarder la télévision
travailler dans le jardin

11. Saying what you are going to do

How would you say that you are going to do these things?

play tennis
buy an ice-cream
finish your homework
make some coffee
listen to the radio
buy a pair of jeans
stay at home
look for your friends

12. Saying what you have and don't have

How would you say that you have each of these things?

1 
10 FRANCS
2 
3 
4 
5 

How would you say that you haven't got each of them?

13. Talking about distances

How far is each of these towns from Paris?

exemple: Redon est à quatre cents kilomètres de Paris.

Redon	400km	Marseille	777km
Vichy	350km	Lyon	462km
Dieppe	197km	Bayonne	743km
Arcachon	630km	Nîmes	711km

leçon quinze
quinzième leçon

15 Un jour de pluie

In this lesson you will learn
how to say who things belong to
to talk about household jobs
the French names for parts of the body
to talk about the weather

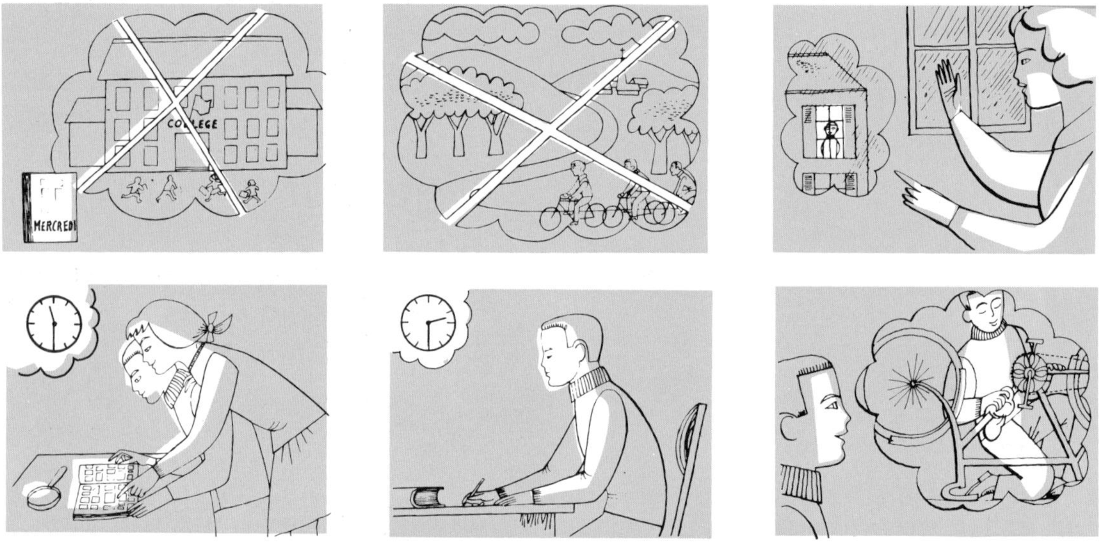
MERCREDI

R Introduction

Aujourd'hui c'est mercredi. Le mercredi, les enfants ne vont pas au collège.

Quelquefois ils vont à la campagne en vélo avec les copains. Mais aujourd'hui ils n'y vont pas . . .

. . . parce qu'il pleut. Ils restent à la maison toute la journée.

Avant le déjeuner Claudette montre ses timbres à son frère.

Après le déjeuner Jean-Paul finit ses devoirs.

Puis il a une idée. Il décide de nettoyer son vélo . . .

What's it all about?

1 What day is it?
2 Which day do the children have off school?
3 Where do they sometimes go?
4 Why don't they go today?
5 Where do they spend the day?
6 What does Claudette do before lunc
7 What does Jean-Paul do before lunc
8 What does he do straight after lunch
9 Who has a good idea?
10 What does he decide to do?

R Conversations

'l pleut toujours.
'u vas rester à la maison.

A

JEAN-PAUL	Maman, où est mon imperméable?
MME MARSAUD	Pourquoi? Qu'est-ce que tu vas faire?
JEAN-PAUL	Je vais jouer avec les copains.
MME MARSAUD	Ah non, certainement pas! Il pleut toujours. Tu vas rester à la maison.

What does Jean-Paul want to do?
Why must he stay indoors?

i tu fais mes devoirs demain!

B

JEAN-PAUL	Oh zut, je m'ennuie! Que faire?
MME MARSAUD	Tu peux ranger ta chambre. Elle est en désordre.
JEAN-PAUL	Ah non, j'ai une idée. Je vais nettoyer mon vélo.
CLAUDETTE	Tu veux nettoyer mon vélo aussi?
JEAN-PAUL	Si tu fais mes devoirs demain!
CLAUDETTE	D'accord.

What does Jean-Paul's mother suggest?
What does he decide to do?
What is the bargain between Jean-Paul and Claudette?

/ais c'est mon chemisier
euf, ça!

C

CLAUDETTE	Quand est-ce que tu vas nettoyer mon vélo?
JEAN-PAUL	Bientôt. Ne t'en fais pas! Passe-moi ce vieux chiffon là-bas, s'il te plaît.
CLAUDETTE	Comment?
JEAN-PAUL	Ce vieux chiffon là-bas.
CLAUDETTE	Ce vieux chiffon! Mais c'est mon chemisier neuf, ça!

Quand est-ce que Jean-Paul va nettoyer le vélo de Claudette?
Est-ce que c'est vraiment un vieux chiffon?

.istening practice
R

It's Sunday and it's still raining. Listen to the conversation in the Marsaud house and see if you can discover what everyone is going to do.

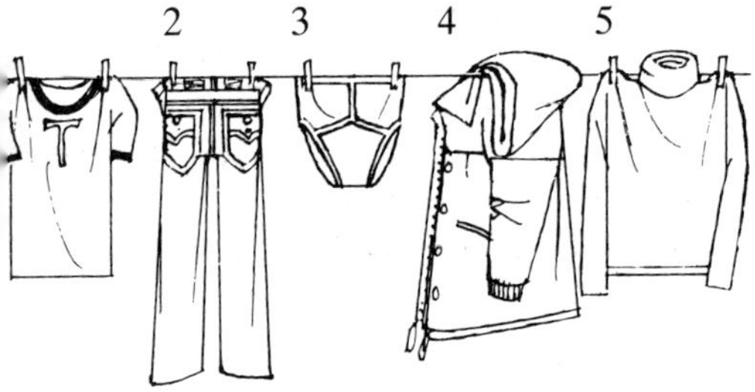
2
3
4
5

Qu'est-ce que c'est? Comment ça s'écrit?

Work with a partner and take it in turns to ask each other these questions.
exemple
Qu'est-ce que c'est? C'est un parapluie.
Comment ça s'écrit? P-A-R-A-P-L-U-I-E

pratique

Saying who things belong to

Je cherche	mon	vélo.
Tu joues avec	ton	frère.
Il trouve Elle regarde	son	chien. père.

Je nettoie	ma	chambre.
Tu nettoies	ta	maison.
Il nettoie Elle nettoie	sa	voiture. cuisine.

J'aide	mes	parents.
Tu aimes	tes	sœurs.
Il retrouve Elle rencontre	ses	amis. frères.

Where are they?
The Marsauds are going camping soon and Claudette looking for her clothes and th
a. What does she say to Jean-Paul?
exemple
Où est mon pull-over?
b. What does Jean-Paul reply
exemples
Voilà ton pull-over dans ta valise.
Voilà ta jupe sur ton lit.
c. Qu'est-ce qu'elle cherche?
exemples
Elle cherche son pull-over.
Elle cherche sa jupe.

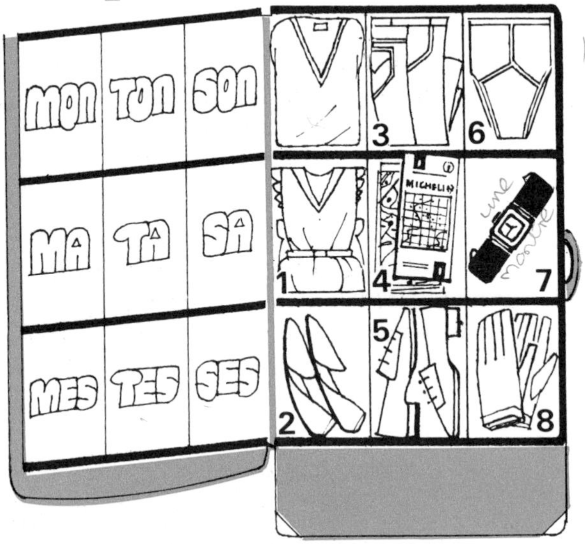
MON TON SON
MA TA SA
MES TES SES
1
2
3
4
5
6
7
8
MICHELIN

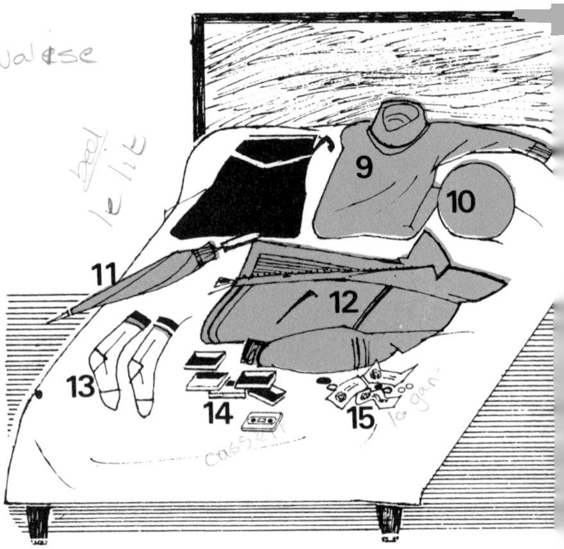
9
10
11
12
13
14
15

Activités

A. Le jeu de la valise
Here's a game to play in groups.
One member of the group begins:
Quand je vais en vacances je mets dans ma valise . . .
mon blue-jean.
Continue round the group, each person repeating the whole list and adding one new item.
Anyone who can't repeat the list correctly or add a new item is out!

B. Devinette

Son frère est le frère de ma tante et de mon père. Qui est-ce?

MOI

J'aime mon père,
J'aime ma mère,
J'aime mes sœurs,
J'aime mes frères
De tout mon cœur
Et tante et oncle,
Oui, tout le monde,
Oui, tous, sauf moi
Quand je n'ai pas
Mon chocolat.
Maurice Carême

e corps humain

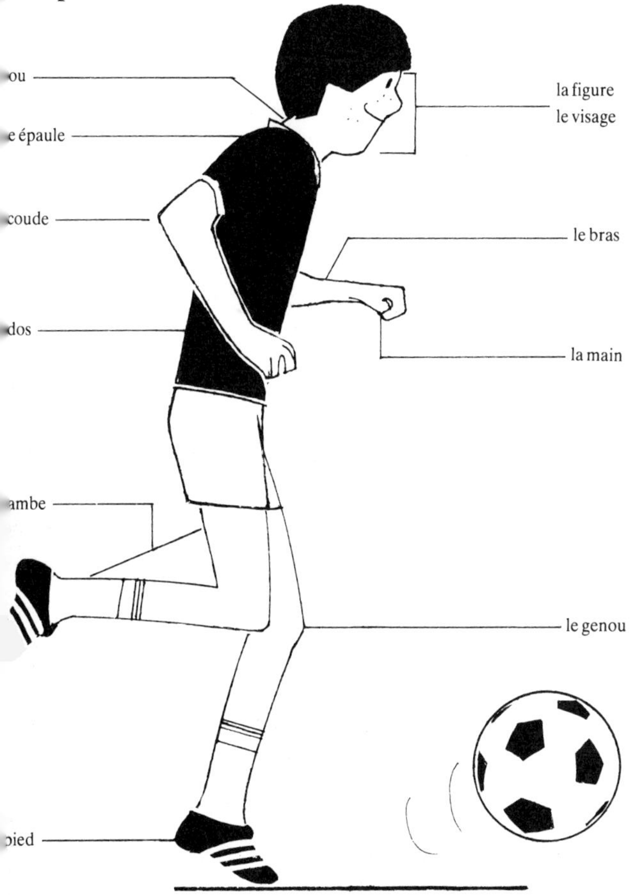
ou
e épaule
coude
dos
ambe
pied
la figure
le visage
le bras
la main
le genou

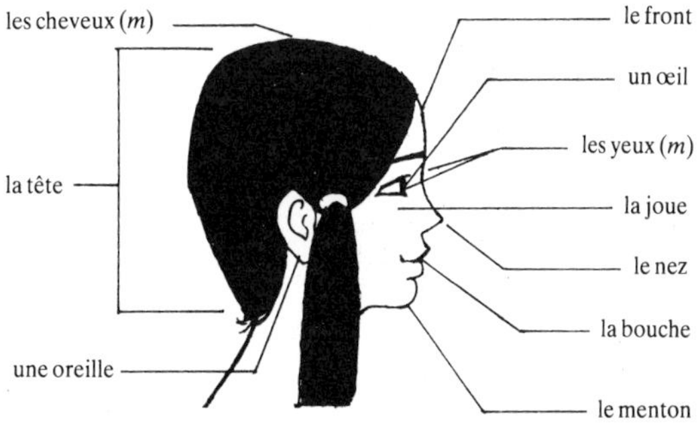
les cheveux (*m*)
la tête
une oreille
le front
un œil
les yeux (*m*)
la joue
le nez
la bouche
le menton

A. Divide into teams, *les porteurs* and *les contrôleurs*. Ask your opposite number: '*Qu'est-ce que je touche?*' and touch a part of your body. He must answer: '*Tu touches la tête*', etc., to gain a point.

B. Mon album français
Draw a human figure or cut one from a magazine and label it in French for your scrapbook. You could make and label a giant to stick on the classroom wall.

C. 'Jacques a dit'
The leader gives instructions to touch different parts of the body. Anyone who makes a mistake, or who obeys an instruction not preceded by '*Jacques a dit*', is out.

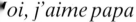

oi, j'aime papa

1. Moi j'aim' Pa - pa, moi j'aim' Ma - man, j'aim' mon p'tit chat, mon p'tit chien, mon p'tit
2. (Mais) (et)
FIN
frè - re, Moi j'aim' Pa - pa, moi j'aim' Ma - man, j'aim' mon p'tit chat, et mon gros é-lé - phant.
J'aim' pas ma tant' parc'qu'elle est pas gen - til - le, J'aim' pas non plus mon cou - sin Ni - co -
las. L'aut' jour en - cor il m'a chi - pé mes bil - les Et m'a cas - sé mon grand sa-bre de bois.

Talking about the weather

Quel temps fait-il?

Il fait chaud.
Il fait du soleil.

Il pleut.
Il fait mauvais.
Il neige.
Il fait du brouillard.
Il fait du vent.
Il fait froid.

Activités

A. Make your own weather chart with a pointer to show the weather. Label it in French.

B. Divide into teams and ask your opposite number '*Quel temps fait-il?*' with the aid of the chart.

Jean-Paul te demande

1 Quel temps fait-il aujourd'hui?
2 Qu'est-ce que tu portes aujourd'hui?
3 Qu'est-ce que tu portes quand il pleut?
4 Qu'est-ce que tu portes quand il fait froid?
5 Et quand il neige?
6 Qu'est-ce que tu portes quand il fait chaud?
7 Quand est-ce que tu portes ton imperméable?
8 Quel temps fait-il en hiver?
9 Et en été?
10 Est-ce qu'il neige beaucoup dans ton pays?

France-info

The climate

The climate of France varies considerably from region to region. In the north, around Paris, it is similar to that of southern England. In the north-east the winters are colder and there is more rain. In the mountainous east the winter is long with lots of snow, and this has encouraged the establishment of many ski resorts. The Mediterranean climate of the south is mild in winter and hot in summer, with very little rain. That is why the south of France (*Le Midi de la France*) is very popular for holidays all the year round.

The south-east has a mild winter, with quite a lot of snow in the Pyrenees, an area rapidly developing as a winter sports region. The summer is warm, with a fair amount of rain.

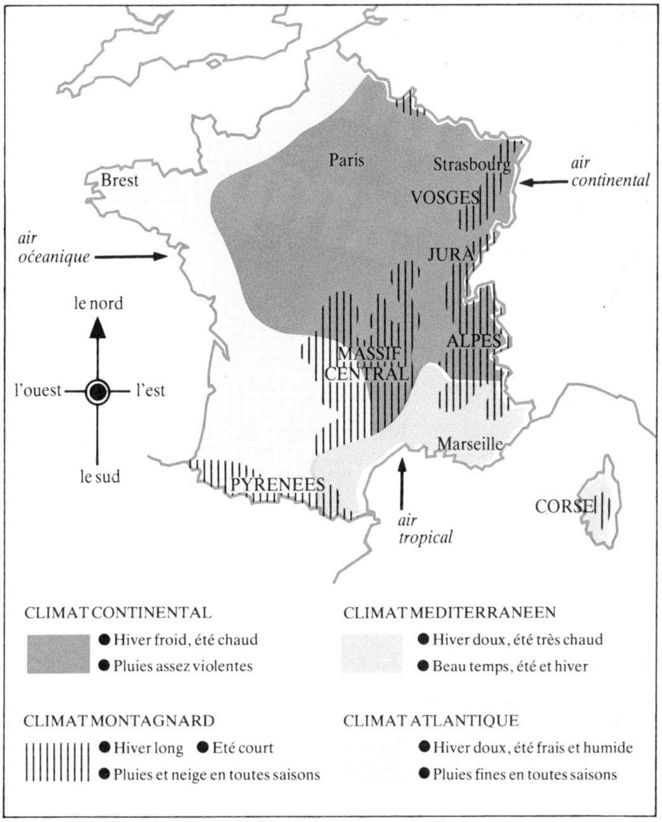
Paris
Strasbourg
Brest
VOSGES
JURA
air continental
air océanique
le nord
l'ouest
l'est
le sud
MASSIF CENTRAL
ALPES
Marseille
PYRENEES
air tropical
CORSE
CLIMAT CONTINENTAL
● Hiver froid, été chaud
● Pluies assez violentes
CLIMAT MEDITERRANEEN
● Hiver doux, été très chaud
● Beau temps, été et hiver
CLIMAT MONTAGNARD
● Hiver long ● Eté court
● Pluies et neige en toutes saisons
CLIMAT ATLANTIQUE
● Hiver doux, été frais et humide
● Pluies fines en toutes saisons

istening practice

La météo. Listen to the weather forecast and find out what the weather will be — in the north, the east, the south and the west. What season of the year do you think it is?

group of young people (*les pains*) having a lazy time on e beach in one of France's mous holiday resorts.

nd out what you can about e holiday areas of France.

16 On fait du camping

leçon seize
seizième leçon

In this lesson you will learn
how to say what people are doing and saying
how to say "this" and "that"
how to say things are yours
how to say that things belong to other people

Introduction

Les Marsaud aiment faire du camping. Ils ont une belle tente et une vieille voiture.

Aujourd'hui c'est un beau jour d'été. Les Marsaud font du camping près d'une rivière. Ils vont y passer une semaine.

Ce matin tout le monde travaille, sauf Bruno et Monsieur Marsaud. Madame Marsaud et Marie-France font la cuisine devant la tente.

Claudette et Jean-Paul nettoient la voiture.

Bruno chasse des vaches.

Et Monsieur Marsaud? Il va à la pêche!

What's it all about?

1 What do the Marsauds like doing?
2 Have they got a new car?
3 What is their tent like?
4 Where is the tent pitched?
5 How long are they staying?
6 Who is not working?
7 Where are Marie-France and her mother?
8 What are Jean-Paul and Claudette doing?
9 What is Bruno doing?
10 Where is M. Marsaud going?

R Conversations

t après-midi nous allons village.

A

JEAN-PAUL	Qu'est-ce que tu vas faire après le déjeuner, papa?
M. MARSAUD	Mais je vais aller à la pêche, comme toujours.
MME MARSAUD	Ah, non, chéri. Cet après-midi nous allons au village.
M. MARSAUD	Comment? Qu'est-ce que tu dis?
MME MARSAUD	Je dis que nous allons au village. Je vais faire des achats, et tu viens avec moi. D'accord?

What is M. Marsaud planning to do after lunch?
What does Mme Marsaud say they are going to do?

reste ici. J'ai un bon livre.

B

MARIE-FRANCE	Au revoir, Jean-Paul. Nous allons faire une petite promenade au bord de la rivière.
JEAN-PAUL	Moi non. Je n'aime pas faire des promenades.
CLAUDETTE	Alors, qu'est-ce que tu fais?
JEAN-PAUL	Je reste ici. J'ai un bon livre. Je vais nager plus tard, peut-être.

What are the girls going to do?
Is Jean-Paul going with them?
What might he do later?

h zut, ça fait trop de avail!

C

M. MARSAUD	Que fait Marie-France?
JEAN-PAUL	Elle fait la cuisine avec maman.
MARIE-FRANCE	Ah zut, ça fait trop de travail! Pourquoi est-ce que nous faisons du camping?
M. MARSAUD	Qu'est-ce que tu dis, Marie-France?
MARIE-FRANCE	Je dis que je n'aime pas le camping. Ça fait trop de travail!

Que fait Mme Marsaud?
Qui a trop de travail?
Est-ce que Marie-France aime le camping?

istening practice

The Nicolas family are on holiday too. They are discussing their plans for the day. Listen to the recording and try to discover what each person plans to do.

pratique

Saying

Qu'est-ce que	tu dis? vous dites?
Je dis Il dit Ils disent	que je n'aime pas le camping. «bonjour». qu'ils vont en ville.

Asking and saying what people are doing

Qu'est-ce que	tu fais? vous faites?
Je fais Il fait Elle fait Nous faisons Ils font Elles font	du camping. des achats. la cuisine. le ménage. la vaisselle. la lessive.

1. Mme Marsaud has gone out for the day, and has left a list for M. Marsaud of all the things to be done while she is away, and the time at which he should do each thing.

a) Qu'est-ce que M. Marsaud fait, et à quelle heure?
exemple
A huit heures il prépare le petit déjeuner.

b) Marie-France dit: «Qu'est-ce que tu fais, papa?» What does he reply?
exemple
Je prépare le petit déjeuner.

8.00 préparer le petit déjeuner
9.00 faire la vaisselle
10.00 faire la lessive
11.00 faire les achats en ville
supermarché/boucher
12.00 préparer le déjeuner
13.00 faire la vaisselle
(avec Jean-Paul et Claudette)
14.00 laver la voiture
15.00 regarder la télé
(match de football!)
16.00 travailler dans le jardin
17.00 faire une promenade

Choosing between this and that

J'aime mieux Je préfère	ce	disque vélo	-ci. -là.
	cette	montre fille	
	ces	pommes tomates	

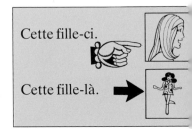

Cette fille-ci.

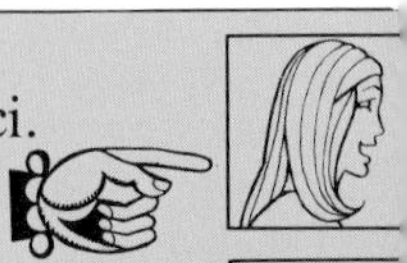

Cette fille-là.

2. Which do you prefer?

1

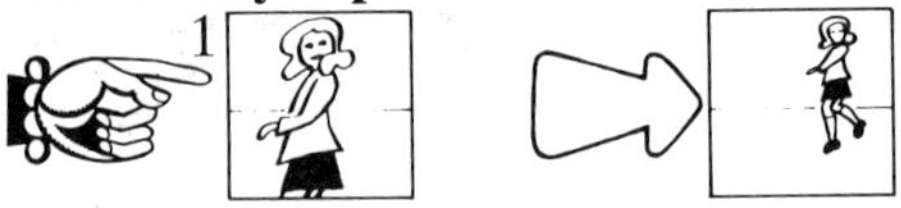

4

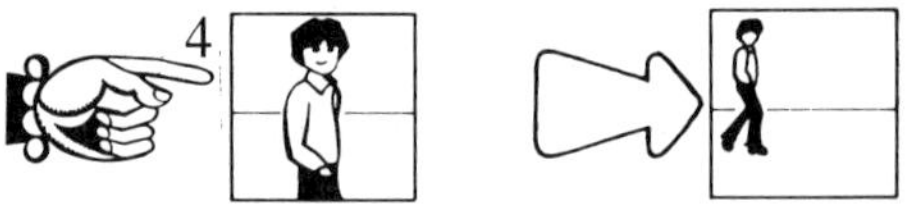

2

5

3

6

moi et toi

Saying who things belong to

Salut, Chantal! A qui est ce vélo neuf?
Il est à moi.
Ce vélo est à toi? Tu plaisantes!
C'est le vélo de Chantal. Il est formidable!

	You say
To say something is yours	*Ce vélo* est à moi. *Cette montre* est à moi. *Ces chaussures* sont à moi.
To ask someone if something is theirs	*Ce disque* est à toi? *Ces chaussettes* sont à toi?
To ask who owns something	A qui est *cette voiture*?
To say it's yours	(Oui,) *il/elle* est à moi.
To say they're yours	(Oui,) *ils/elles* sont à moi.
To say who owns something	C'est *le pull-over* de *Nicole*.

Activités

Before the Marsauds went on holiday Mme Marsaud had some trouble sorting out the children's clothes.

A. What did she say to them as she picked up each thing?
exemple
Ce pull-over est à toi, Claudette?

B. What did the children reply?
exemple
Oui, il est à moi.

C. Qu'est-ce que c'est?
exemple
C'est le pull-over de Claudette.

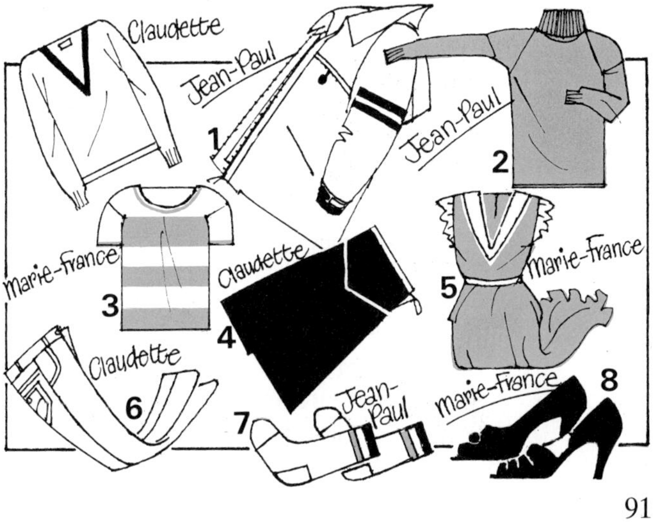
Claudette
Jean-Paul
1
Jean-Paul
2
Marie-France
3
Claudette
4
5
Marie-France
Claudette
6
7
Jean-Paul
Marie-France
8

leçon dix-sept
dix-septième leçon

17 Au cirque

In this lesson you will learn
how to say what people can see
more about saying who owns things
how to suggest where you would like to g
how to say where things and places are

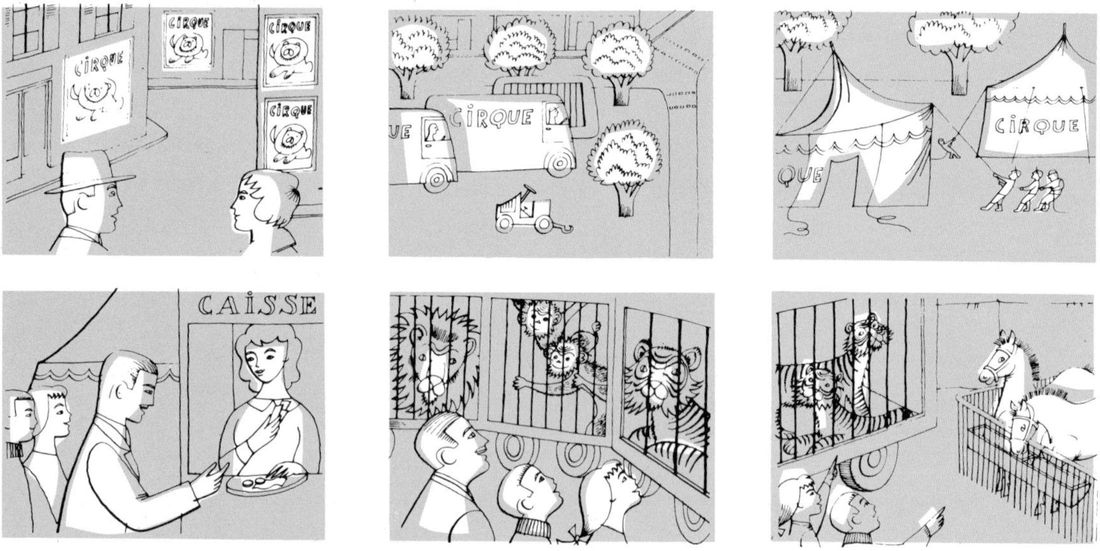

CIRQUE
CIRQUE
CIRQUE
CIRQUE
CIRQUE
CIRQUE
CAISSE

Introduction

C'est le mois de mai. On voit des affiches sur tous les murs. Un petit cirque va arriver en ville.

Enfin les grands camions arrivent sur la place.

On y dresse les tentes.

Le soir du samedi huit mai Jean-Paul et Claudette vont au cirque avec leur père. Monsieur Marsaud paye les billets et ils entrent dans une tente.

Là, ils voient beaucoup d'animaux.

Dans cette tente on voit des tigres et des chevaux. Il y a aussi des singes et de grands éléphants gris.

What's it all about?

1. What month is it?
2. What are the posters advertising?
3. Where are the tents put up?
4. Which day do the Marsauds go to the circus?
5. Do they go in the afternoon?
6. What does M. Marsaud do when the arrive?
7. Where do they go after they have pai
8. What do they see first?
9. Do they see any monkeys?
10. What are the elephants like?

R Conversations

'oilà nos billets, monsieur.

A

L'EMPLOYE	Vous avez vos billets, les enfants?
CLAUDETTE	Oui, monsieur. Papa, tu as nos billets? . . . Merci. Voilà, monsieur.
JEAN-PAUL	Où sont nos places, monsieur?
L'EMPLOYE	Vos places sont là-bas, à gauche, jeune homme.

Who has the tickets?
Where are the Marsaud's seats?

'u vois ces beaux hevaux blancs?

B

L'EMPLOYE	Pourquoi ne pas aller voir nos animaux? Vous avez encore une demi-heure avant la séance.
JEAN-PAUL	C'est une bonne idée. Allons, Claudette . . . Tu vois ces beaux chevaux blancs?
CLAUDETTE	Ah oui, ils sont formidables! Mais regarde ces tigres, Jean-Paul.
JEAN-PAUL	Ils n'ont pas l'air très contents.
M. MARSAUD	Fais attention, Claudette. Ils ont faim, ces tigres!

What do the children decide to do before the performance?
Why should Claudette be careful?

.ui, il a une vraie tête de singe!

C

CLAUDETTE	Tu vois les singes, Jean-Paul? Ils ont l'air très drôles.
JEAN-PAUL	Comme notre prof. de français! Lui, il a une vraie tête de singe!
M. MARSAUD	Tiens! Voici votre professeur de français!
LE PROFESSEUR	Bonsoir, mes enfants. Qu'est-ce que tu dis, Jean-Paul?

Qui a l'air très drôle?
Qui a une vraie tête de singe?
Qui est-ce que Jean-Paul rencontre?

.istening practice R

The Marsauds are looking at all the animals in the circus tent. Listen to their conversation and find out which animals they see.

'eeding time A quelle heure est-ce qu'on donne à manger aux animaux?

les lions

le léopard

les singes

l'éléphant

les girafes

la tortue

xemple On donne à manger aux lions à midi quinze.

pratique

Saying what people can see

Je Tu	vois	le professeur. les chevaux? Claudette. des tentes. les éléphants. cette voiture? des animaux. des girafes.
Il Elle	voit	
Nous	voyons	
Vous	voyez	
Ils Elles	voient	

Another way of saying "we"

On	voit	des tentes. de grands camion
	va	à la confiserie. en ville.
	fait	des achats. du camping.

1. Qu'est-ce qu'ils voient au cirque?
exemple

On

On y voit des singes.

1 
Monsieur Marsaud

2 
Jean-Paul

3 
Claudette

4 
Les enfants

5 
On

2. Every time Alain and Cécile go out they meet their neighbour, Madame Brosse, who wants to know where they are going. What do they tell her each time?
exemple

CINÉMA

Où allez-vous, les enfants?
On va au cinéma, madame.

1 
SUPERMARCHÉ

2 

3 
BOULANGERIE
PÂTISSERIE

4 

5 
EPIC

Saying who things belong to

Nous cherchons	notre nos	voiture. amis.	**our**
Vous cherchez	votre vos	manteau? places?	**your**
Ils cherchent Elles cherchent	leur leurs	tortue. parents.	**their**

3. a) What are the children looking for?
b) What might you ask them?
c) What might they say to you?

exemples

a) Ils cherchent leur chat.
b) Vous cherchez votre chat?
c) Nous cherchons notre chat

1 
2 
3 
4 
5 
6 
7 
8 

Deciding where to go

Salut Marc!
Je m'ennuie . . .
Que faire?

Si on allait au club . . .?

Oui, c'est une bonne idée. Allons-y!

Pourquoi ne pas aller au cirque?

	You say
To ask what you should do?	Que faire?
To suggest that you should all go somewhere	Si on allait *à la piscine*?
To say "Let's go!"	Allons-y!
To make a suggestion by asking "Why not . . .?"	Pourquoi (ne) pas *aller au stade*?

Suggest to your friends that you should all go together to these places.

exemple

Si on allait au cirque?
or
Pourquoi ne pas aller au cirque?

1 
CINEMA

2 

3 

4 

5 

Jean-Paul te parle

CIRQUE

Salut, les amis!
Ce petit cirque arrive dans notre ville chaque année au mois de mai. Les grands camions arrivent sur la place et on y dresse les tentes.

Je vais au cirque avec mes sœurs et nos parents le week-end quand Marie-France et papa ne travaillent pas.

Mais j'aime aussi aller voir les animaux. Ils habitent dans des cages autour de la grande tente. Tous sauf ce petit singe. Il habite dans un grand camion.

renseignez-vous

Saying where things are

If you want to say or to understand where things are you will need to know these expressions.

en face de	*opposite*	(tout) près de	(*quite*) *near to*
à côté de	*next to*	entre	*between*
à gauche de	*on the left of*	devant	*in front of*
à droite de	*on the right of*	derrière	*behind*

Au zoo

The Nicolas family are at the zoo but they haven't bought a plan or a guide-book. Can you give them some help?

A. Qu'est-ce qu'on voit au zoo? Tell them what animals they are likely to see.

exemples Au zoo on voit des singes, . . .

or On y voit des singes, . . .

B. Can you tell them where to find each of the animals?

exemple Les lions sont en face du lac et à droite des tigres.

C. Work with a partner and ask each other questions in turn about where things are on the plan below.

Voici le plan du zoo

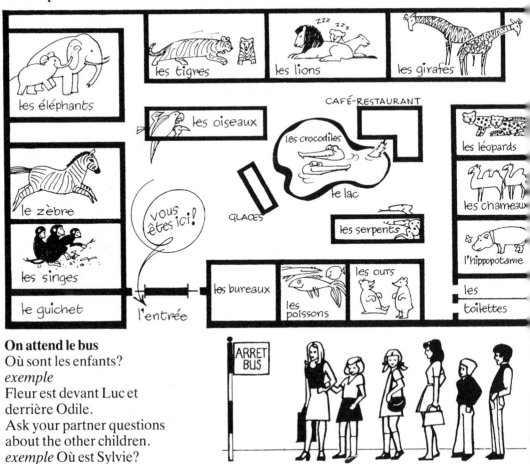

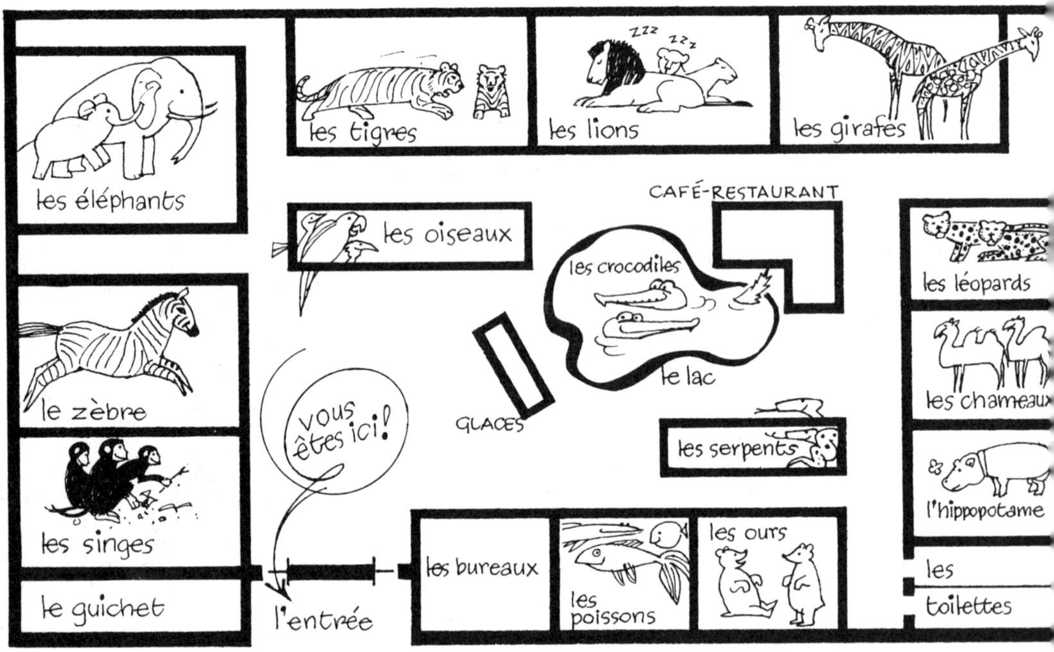
les tigres
les lions
les girafes
les éléphants
CAFÉ-RESTAURANT
les oiseaux
les crocodiles
les léopards
le lac
le zèbre
vous êtes ici!
GLACES
les chameaux
les serpents
les singes
l'hippopotame
les bureaux
les ours
les poissons
les toilettes
le guichet
l'entrée

On attend le bus

Où sont les enfants?

exemple

Fleur est devant Luc et derrière Odile.

Ask your partner questions about the other children.

exemple Où est Sylvie?

ARRET BUS

Sylvie Claire Odile Fleur Luc Marc

France-info

French cheese and wine

Have you heard of these world-famous French cheeses – Brie, Camembert, Roquefort, Petit-Suisse, Saint-Paulin? France is the largest cheese-producing country in Europe. There are more than 350 different kinds of French cheese. Each region of France has its own special cheeses (e.g. Camembert in Normandy) which are usually named after the place in which they are made. Most are made of cows' milk (*Brie, Petit-Suisse*), but goats' milk (for *fromage de chèvre*) and sheep's milk (for *Roquefort*) are also used.

How many of these French wines and spirits have you heard of – Champagne, Burgundy, Bordeaux (Claret), Sauternes, Cognac, Armagnac?

France is perhaps even more famous for its wines than for its cheeses. There are more than one million wine producers in France, though half of these make wine only for their own consumption. Most French people, rich and poor, drink wine with their meals, and table wines (*vin ordinaire*) can be bought quite cheaply.

Some of the most famous cheeses of France

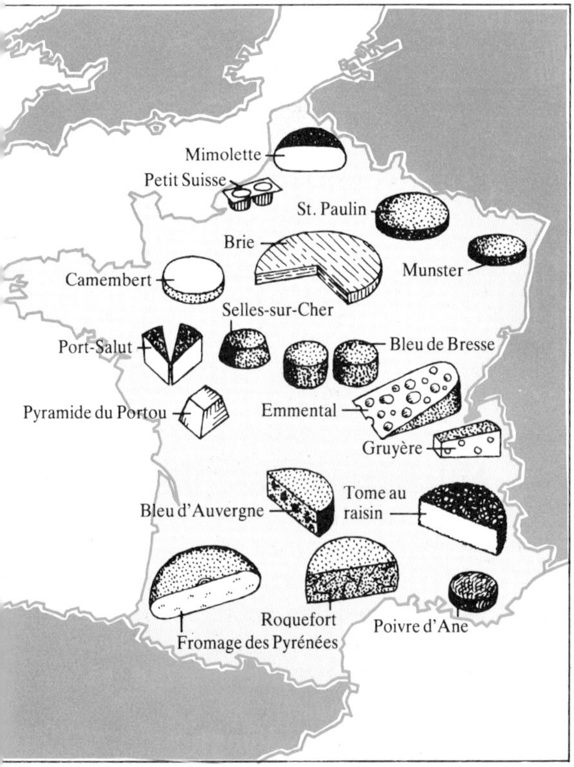
Mimolette
Petit Suisse
St. Paulin
Brie
Munster
Camembert
Selles-sur-Cher
Port-Salut
Bleu de Bresse
Pyramide du Portou
Emmental
Gruyère
Bleu d'Auvergne
Tome au raisin
Roquefort
Poivre d'Ane
Fromage des Pyrénées

The main wine-producing areas of France

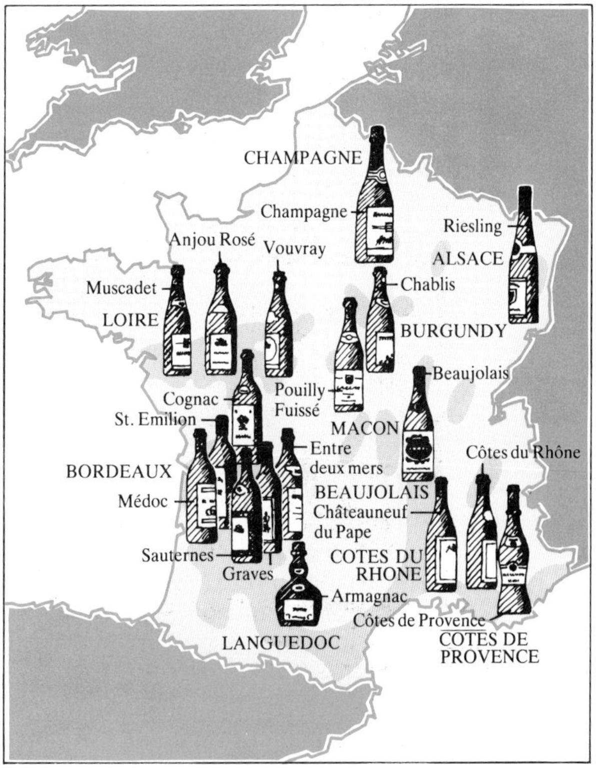
CHAMPAGNE
Champagne
Anjou Rosé
Vouvray
Riesling
ALSACE
Muscadet
Chablis
LOIRE
BURGUNDY
Beaujolais
Cognac
St. Emilion
Pouilly Fuissé
MACON
Entre deux mers
Côtes du Rhône
BORDEAUX
BEAUJOLAIS
Médoc
Châteauneuf du Pape
COTES DU RHONE
Sauternes
Graves
Armagnac
Côtes de Provence
LANGUEDOC
COTES DE PROVENCE

►Find out all you can about French cheeses. Collect French cheese labels and use them to illustrate an article on French cheeses to put in your scrapbook.

►Find out all you can about French wines. Collect French wine labels (or cut out pictures from magazines) and use them to illustrate an article on French wines for your scrapbook.

18 Au bord du lac

leçon dix-huit
dix-huitième leçon

In this lesson you will learn
more about doing things
how to say you're feeling ill
how to write a composition in French

R Introduction

Aujourd'hui c'est un beau jour d'été. Jean-Paul et ses amis vont faire une promenade en vélo. Ils vont nager dans un lac au milieu d'un bois.

A neuf heures deux garçons arrivent chez Jean-Paul.

Il attend ses amis dans sa chambre.

Mme Marsaud appelle Jean-Paul tout de suite: «Jean-Paul, tes amis sont là.»

Jean-Paul répond: «J'arrive!» et il descend à toute vitesse . . .

Une heure plus tard les garçons arrivent au bord du lac. Là, ils descendent de leurs vélos . . .

What's it all about?

1 What is the weather like?
2 Which season of the year is it?
3 Where are the boys going?
4 How will they get there?
5 What are they going to do there?
6 What time do the boys call at Jean-Paul's house?
7 Where is he waiting?
8 What does Mme Marsaud do when th boys arrive?
9 What does Jean-Paul say and do?
10 What do the boys do when they get to the lake?

R Conversations

Nous descendons ici.

A

MICHEL Attendez, vous autres!
JEAN-PAUL Ne t'en fais pas! Nous descendons ici.
PIERRE Voilà le lac.
MICHEL Dieu merci! Je suis fatigué, moi!

Why do the boys get off their bikes?
Why is Michel pleased?

Qu'il fait chaud!

B

HENRI Qu'il fait chaud!
JEAN-PAUL C'est vrai. Moi aussi, j'ai chaud.
PIERRE Moi, j'ai faim. Allons manger nos sandwiches.
HENRI Attends, Pierre. Moi, j'ai soif. Achetons des boissons là-bas.
PIERRE Non, non. Je n'ai pas d'argent.
MICHEL Viens, Pierre. C'est moi qui paye . . .

Who is hungry and who is thirsty?
Who can't afford to buy a drink?

Quatre glaces à 2F50, s'il vous plaît.

C

MICHEL Quatre glaces à deux francs cinquante, s'il vous plaît.
LE MARCHAND Quel parfum? Vanille, fraise, ananas . . .
MICHEL A la vanille . . . Merci. Voilà dix francs.
HENRI Est-ce que vous vendez des boissons aussi – Coca, Pepsi?
LE MARCHAND Ah non, monsieur, je regrette. J'ai seulement des glaces.
PIERRE Ne t'en fais pas, Henri. J'ai de l'eau dans mon sac.
HENRI Pouah! Je déteste l'eau!

Qui paye les glaces?
Est-ce que les garçons achètent des boissons?
Est-ce qu'Henri aime l'eau?

Listening practice R

Un pique-nique au bord du lac Listen to the recorded conversation and see if you can discover what the boys have brought to eat.

Why do the boys do these things?

Il a faim.	Ils ont faim.
Il a chaud.	Ils ont chaud.
Il a soif.	Ils ont soif.
Il a froid.	Ils ont froid.

Find the answers in the box.

1 Pierre et Henri enlèvent leurs chaussettes.
2 Michel et Jean-Paul cherchent de l'eau.
3 Henri voudrait un Pepsi.
4 Pierre et Michel cherchent leurs chandails.
5 Michel mange un sandwich au fromage.
6 Henri et Jean-Paul achètent des biscuits.
7 Pierre cherche son pull-over.
8 Jean-Paul enlève sa chemise.

pratique

Going downstairs — Getting off

Je	descends	l'escalier.
Tu	descends,	Jean-Paul?
Il	descend	à toute vitesse.
Nous	descendons	du train.
Vous	descendez	ici?
Elles	descendent	de leurs vélos.

1. Who are they waiting for?
Imagine that you meet these people in the street. Make up short conversations like the one in the example.
exemple

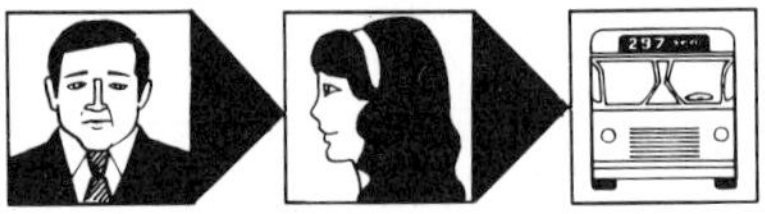

Qui est-ce que vous attendez?
J'attends Hélène, (répond M. Nicolas.)
La voilà. Elle descend du bus.

1 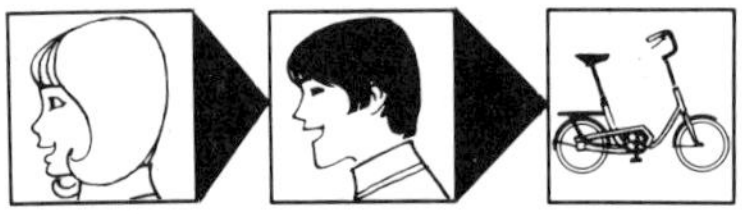

2 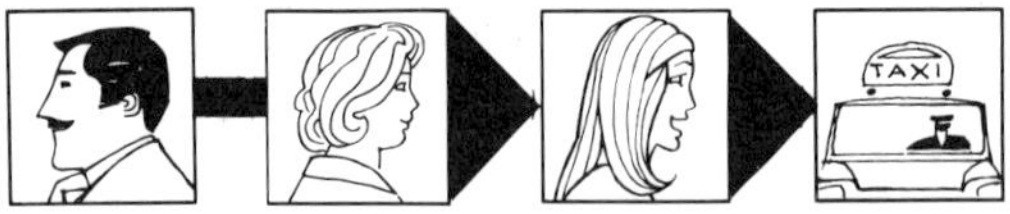
TAXI

3 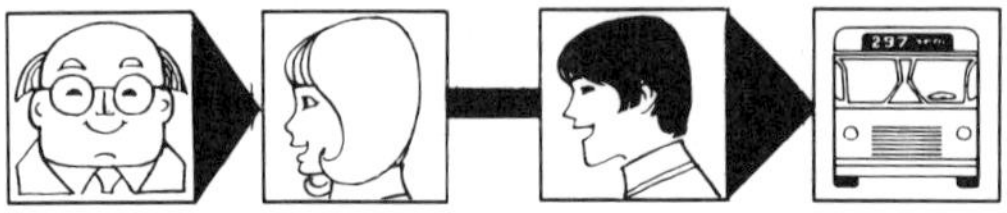

Selling

Je	vends	mon vélo.
Il	vend	des glaces.

Waiting for

Tu	attends	le bus?
Nous	attendons	Cécile.

Replying

«J'arrive»	répond	Alain.
Elle	répond	à la lettre.

2. What are they selling?
The children are all hard up and are selling these things to make some money.

Hélène

exemple
Elle vend son vélo.

1 
Alain

2 
Cécile

3 
Jean-Paul

4 
Claudette

5 
Pierre et Michel

moi et toi

Talking about feeling ill

	You say
To ask someone what's the matter	Qu'est-ce que tu as? Qu'est-ce qui ne va pas?
To say you're ill	Je suis malade.
To say you feel sick	J'ai mal au cœur.
To say you have an ache	J'ai mal *à la tête/aux dents/au ventre*.
To say you have a cold	Je suis enrhumé(e).
To say you are well	Je vais bien.

Work with a partner.
Each in turn touches a part of his/her body.
The other must then ask: *exemple* Qu'est-ce qui ne va pas?
Tu as mal à la tête?

Au camping

2

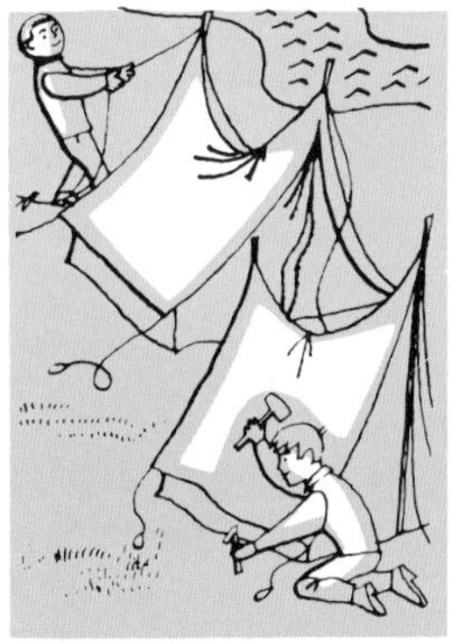

3

4

6

7

8

Phrases utiles

faire du camping
à la campagne
en vélo
descendre de leurs vélos
au bord d'une petite rivière
dresser les tentes
travailler vite
derrière la tente d'Henri
préparer le déjeuner
aller à la pêche
regarder dans la tente
voir une chèvre
manger leurs provisions
bien aimer le pain
chasser la chèvre
pas de déjeuner
aller chercher Jean-Paul
aller au village
acheter des provisions

Répondez s'il vous plaît

1 Qu'est-ce que les garçons vont faire?
Où est-ce qu'ils vont?
Comment y vont-ils?
2 Où est-ce qu'ils descendent de leurs vélos?
Qu'est-ce qu'ils vont y faire?
3 Comment est-ce qu'ils travaillent?
Où est-ce que Jean-Paul dresse sa tente?
4 Que fait Henri?
Qu'est-ce que Jean-Paul va faire?
5 Où est-ce qu'Henri regarde?
Qu'est-ce qu'il y voit?
6 Que fait la chèvre?
Qu'est-ce qu'elle aime?
7 Que fait Henri?
Qu'est-ce qu'il y a pour le déjeuner?
8 Qui est-ce qu'Henri va chercher?
Où est-ce que les garçons vont?
Qu'est-ce qu'ils vont y faire?

Répondez aux questions, puis racontez l'histoire.

19 Un paresseux

leçon dix-neuf
dix-neuvième leçon

In this lesson you will learn
- how to talk about getting up and getting ready to go somewhere
- how to talk about what you are going to do
- about the way French people spend their summer holidays

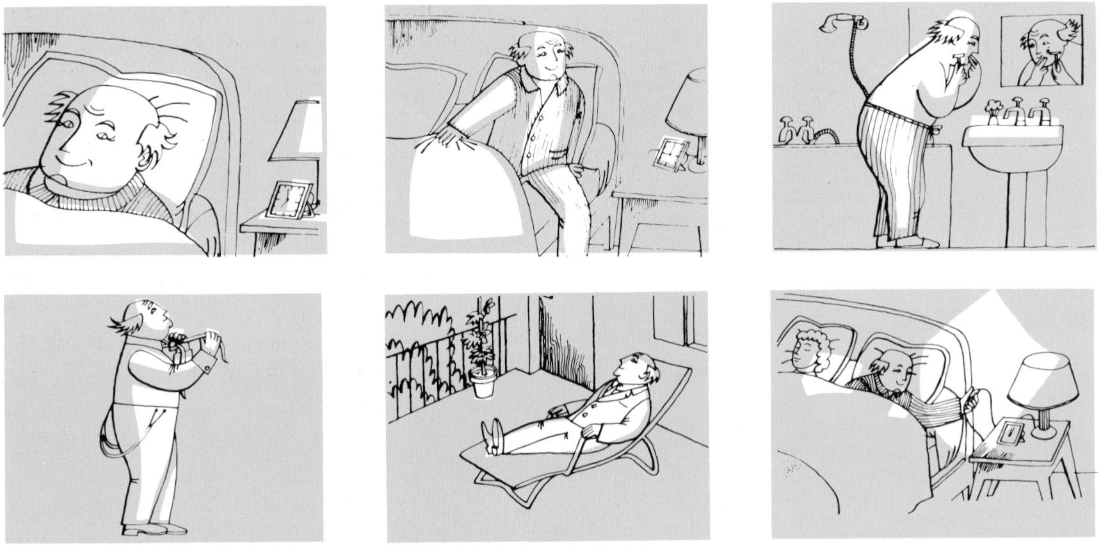

R Introduction

Monsieur Lafayette, le professeur, aime le dimanche. Le dimanche, il ne va pas au collège. Il se réveille vers sept heures, mais il ne se lève pas tout de suite.

Il se lève deux heures plus tard, à neuf heures.

Il se lave et il se rase dans la salle de bains . . .

. . . puis, très lentement, il s'habille. Toute la journée M. Lafayette se repose sur la terrasse.

Le soir il se couche vers onze heures, mais il n'est pas très fatigué!

What's it all about?

1 Who is M. Lafayette?
2 Why does he like Sundays?
3 What time does he wake up?
4 How long does he stay in bed?
5 What time does he get up?
6 What does he do in the bathroom?
7 How does he get dressed?
8 What does he do during the day?
9 What time does he go to bed?
10 Is he very tired? Why?

R Conversations

Est-il vraiment dans
a salle de bains?

A

MME LAFAYETTE	Alphonse, lève-toi!
M. LAFAYETTE	Oui, chérie, je me lève . . .
MME LAFAYETTE	Alphonse! Tu es dans la salle de bains? Tu te laves?
M. LAFAYETTE	Oui, oui, chérie . . .
MME LAFAYETTE	Alphonse! Tu racontes des histoires! Tu es toujours au lit!

What does M. Lafayette tell his wife?
Why is she angry?

e me lave d'abord.

B

MME LAFAYETTE	Alphonse! Est-ce que tu descends tout de suite?
M. LAFAYETTE	Non, je me lave d'abord, et puis je me rase.
MME LAFAYETTE	Mais le petit déjeuner est prêt!
M. LAFAYETTE	Oui, oui, mais je vais m'habiller aussi, tu sais.
MME LAFAYETTE	Alors, dépêche-toi, ou je vais manger tes croissants!

What has M. Lafayette to do before he goes down?
What will his wife do if he doesn't hurry?

e n'ai pas de veste.

C

MME LAFAYETTE	Alphonse! Tu es prêt maintenant?
M. LAFAYETTE	Pas encore, chérie. Je ne trouve pas mon pantalon.
MME LAFAYETTE	Mais tu portes déjà ton pantalon! Ah, quel homme!
M. LAFAYETTE	Tiens, c'est vrai! Ah, mais je n'ai pas de veste. Où est ma veste, chérie?
MME LAFAYETTE	Elle est dans l'armoire, comme toujours! Mais dépêche-toi, espèce de tortue!

Qu'est-ce que M. Lafayette ne trouve pas?
Qu'est-ce qu'il porte?
Où est sa veste?

istening practice
R

Madame Nicolas has gone away for the weekend and things are in a bit of a muddle at the Nicolas house. Listen to the conversation and see if you can discover where they all find their clothes.

ean-Paul
e
lemande

1 Je me réveille à sept heures. Et toi?
2 Je me lève à sept heures et demie. Et toi?
3 Je me lave dans la cuisine. Et toi?
4 Je ne me lave pas le dimanche. Et toi?
5 Je m'habille dans le salon. Et toi?
6 Je ne me rase pas. Et toi?
7 Je me couche vers onze heures. Et toi?
8 Je ne raconte pas d'histoires! Et toi?

pratique

Talking about having a wash

Je	me lave	le matin.
Tu	te laves	le soir?
Il Elle	se lave	les mains. les pieds.
Nous	nous lavons	tous les jours. le dimanche?
Vous	vous lavez	le visage.
Ils Elles	se lavent	les cheveux.

Notez bien

M. Marsaud Mme Marsaud	lave	la voiture. la vaisselle.

Claudette se peigne

Elle se brosse les dents.

1. Everyone is having a wash. a) Can you say what each person is doing?

exemple

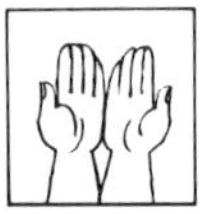

M. Lafayette

Il se lave les mains.

1 
M. Marsaud

2 
M. Nicolas

3 
Jean-Paul

4 
Pierre

5 
Hélène

b) Which of these things do you do every day? *exemple* Je me lave les mains tous les jours.

Telling people what to do

Réveille-toi, Lève-toi, Habille-toi,	Claudette. Alain. mon fils.
Lavez-vous, Dépêchez-vous, Couchez-vous,	mes enfants. messieurs. tout le monde.

Saying what you don't do

Je	ne	me réveille me lève me lave me couche	pas	de bonne heure. le dimanche matin. les cheveux. dans la cuisine.
		me rase me dépêche		

2. La matinée de Claudette a) At what time does she do these things?

exemple
Elle se réveille à sept heures et demie.

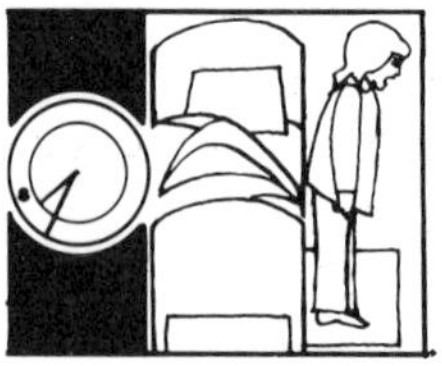

1

2

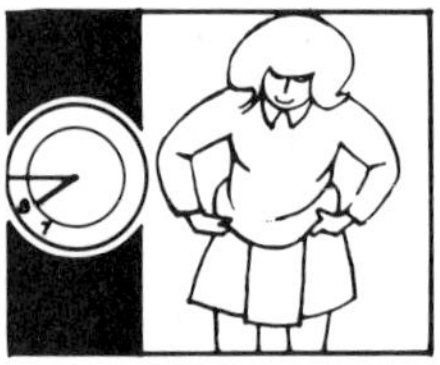

3

4

b) What does Mme Marsaud call to her?
exemple
Claudette, réveille-toi!

3. La matinée chez moi
a) Say what time you do things in the morning on school days.
exemples
Je me réveille à . . .
A huit heures je . . .
b) Which things do you sometimes not do?
exemple
Quelquefois, je ne me lave pas le cou!

moi et toi

Saying what you are going to do

Salut, Chantal! Qu'est-ce que tu vas faire ce soir?
Je vais à une surprise-partie. Je vais me laver les cheveux.
Moi, je vais à une surprise-partie demain soir.

	You say
To say you are going to get ready	Je vais faire ma toilette.
To say you are going to have a bath	Je vais prendre un bain.
To say you are going to have a shower	Je vais prendre une douche.
To say you are going to wash *your hair*	Je vais me laver *les cheveux*.
To say you are going to comb your hair	Je vais me peigner.
To say you are going to brush your hair	Je vais me brosser les cheveux.
To say you are going to clean your teeth	Je vais me brosser les dents.
To say you are going to get dressed	Je vais m'habiller.
To say you are going to put on new clothes	Je vais mettre *ma robe neuve.* *mon blue-jean neuf.*
To say you are going to clean your shoes	Je vais nettoyer mes chaussures.

►Imagine you are going to a party. Make up a timetable of what you will be doing to get ready.
exemple
A sept heures je vais prendre un bain.

►Work with a partner. Ask each other questions about getting ready.
exemple
(Est-ce que) tu vas te laver les cheveux? A quelle heure?

Activités

A. Divide into teams. Mime an action using one of the new verbs from this lesson, e.g. *se laver, se brosser les dents, se raser*. Then ask your opposite number: '*Qu'est-ce que je fais?*' He will be given a point for a correct answer.

B. Divide into two teams, *les singes* and *les chevaux*. Give a command to your opposite number.
Exemples: Lave-toi les mains. Couche-toi. Rase-toi.
He must mime the action and say what he is doing in French.

19

Le professeur est en retard

1

2

3

4

5

COLLEGE

6

Phrases utiles

1 au collège
entrer dans
les cours commencent

2 attendre le professeur
il n'est pas là
toujours à la maison

3 se réveiller
regarder l'heure
Zut! dit-il
en retard

4 préparer du café
pendant que
regarder dans le placard
chercher des cahiers

5 trouver les cahiers
sur le placard
tomber sur la tête du professeur

6 arriver à midi
quitter le collège
rentrer pour le déjeuner

Répondez s'il vous plaît

1 Où sont les enfants?
Où est-ce qu'ils entrent?
Quelle heure est-il?
A quelle heure est-ce que les cours commencent?

2 Qui est-ce que les élèves attendent?
Qui n'est pas là?
Où est-il?

3 Quelle heure est-il?
Que fait Monsieur Lafayette?
Qu'est-ce qu'il regarde?
Qu'est-ce qu'il dit?

4 Que fait Madame Lafayette?
Qu'est-ce que M. Lafayette cherche?
Où est-ce qu'il regarde?

5 Qu'est-ce que M. Lafayette trouve enfin?
Où sont-ils?
Où est-ce qu'ils tombent?

6 A quelle heure est-ce que M. Lafayette arrive au collège?
Est-ce que les élèves sont toujours dans la salle de classe?
Que font-ils?
Où vont-ils?

Répondez aux questions, puis racontez l'histoire.

The French on holiday

Most French families have a car or hope to have one, but they use their cars mainly for weekend excursions and for holidays rather than for going to work.

The French summer holiday season is chaotic! Some people start their holidays on 1st July, but the majority start on 1st August. The weekend nearest the 1st August is the time when a large proportion of French people set off for their summer holiday. Many small shops and most factories close for the whole of August and the roads become jammed with cars. Traffic jams can be up to 30 miles long on the main roads down to the south. At the end of August everyone rushes home at the last minute, and the chaos begins again.

DOUCHES
Son calme son confort
CAMPING du
CHAT NOIR
GARDIENNAGE
BATEAUX
CARAVANES

FERMETURE ANNUELLE
du 1 au 28 août

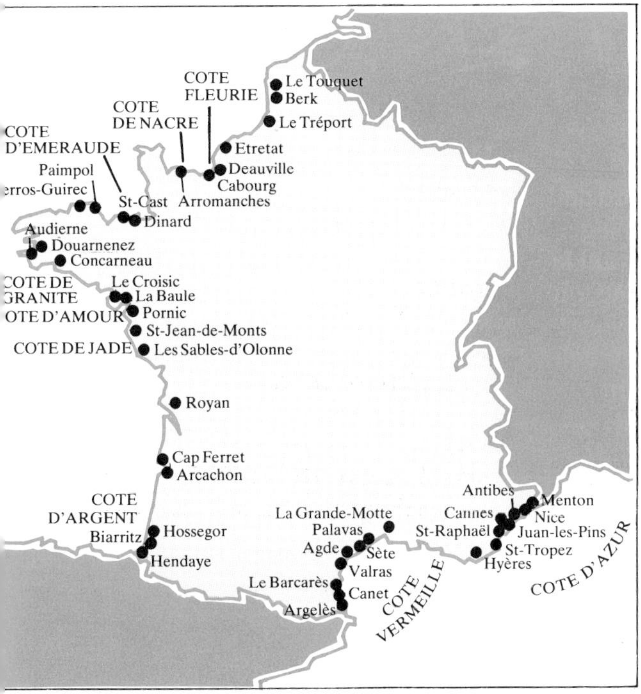
COTE FLEURIE
COTE DE NACRE
COTE D'EMERAUDE
Le Touquet
Berk
Le Tréport
Etretat
Deauville
Cabourg
Arromanches
Paimpol
St-Cast
Dinard
Audierne
Douarnenez
Concarneau
Le Croisic
La Baule
Pornic
St-Jean-de-Monts
COTE DE JADE
Les Sables-d'Olonne
Royan
Cap Ferret
Arcachon
COTE D'ARGENT
Biarritz
Hossegor
Hendaye
La Grande-Motte
Palavas
Agde
Sète
Valras
Le Barcarès
Canet
Argelès
COTE VERMEILLE
Antibes
Menton
Nice
Cannes
Juan-les-Pins
St-Raphaël
St-Tropez
Hyères
COTE D'AZUR

Many French people are not so keen to travel abroad as the British or the Germans. They can visit interesting towns, "get away from it all" in the countryside, go to the mountains or the sea-side. The most popular and crowded sea-side resorts (*stations balnéaires*) are to be found on the Côte d'Azur and in Brittany.

Camping and caravanning are very popular with the French. There are very many campsites with good amenities (restaurants, bars, nightclubs, hot showers) where you can pitch your tent or caravan for a few francs a night.

Some French families will find a good campsite and pitch their tent there for the whole of the summer. If the father has to work for some of the time he will leave the family at their campsite and visit them at week-ends.

20 En vacances

leçon vingt
vingtième leçon

In this lesson you will learn
to talk about coming and going
to talk about sitting down and being seated
to talk about your holiday plans

R

Introduction

Les Marsaud sont en vacances au bord de la mer. On voit leur tente près de la plage.

M. et Mme Marsaud sont assis devant le café du camping. Ils regardent la plage, où les enfants jouent au volley-ball.

Marie-France ne joue pas au volley-ball. Elle est assise sur la plage. Bientôt son amie Monique arrive. Monique vient s'asseoir à côté de Marie-France.

Plus tard Jean-Paul et Claudette viennent voir leurs parents.

Ils s'asseyent, et M. Marsaud achète des glaces pour les enfants.

Mais Marie-France et son amie ne viennent pas. Elles sont toujours assises sur la plage.

What's it all about?

1. Where are the Marsauds on holiday?
2. Where is their tent?
3. Where are M. and Mme Marsaud sitting?
4. Who are they watching?
5. What are Jean-Paul and Claudette doing?
6. What is Marie-France doing?
7. Who is Monique?
8. What does she do?
9. What does M. Marsaud buy?
10. Why don't Marie-France and Monique come to the café?

ous allons jouer
ı volley-ball.

R Conversations

A

M. MARSAUD	Qu'est-ce que vous allez faire ce matin, les enfants?
CLAUDETTE	Nous allons jouer au volley-ball. Tu viens, Marie-France?
MARIE-FRANCE	Moi non. Il fait trop chaud. Je vais m'asseoir sur la plage.
JEAN-PAUL	Grande paresseuse! Viens jouer . . .
MARIE-FRANCE	Non, non et non! Je vais attendre Monique. Elle va venir tout à l'heure.

What are Jean-Paul and Claudette going to do?
What is Marie-France going to do?

DU CAMPING

u vois les enfants, chérie?

B

M. MARSAUD	Tu vois les enfants, chérie?
MME MARSAUD	Au oui, ils jouent au volley-ball là-bas.
M. MARSAUD	Mais je ne vois pas Marie-France.
MME MARSAUD	La voilà. Elle est assise sur la plage avec Monique.
M. MARSAUD	Je vais acheter des glaces pour les enfants.
MME MARSAUD	Claudette! Jean-Paul! Venez! Papa va acheter des glaces.

What are Monique and Marie-France doing?
What is M. Marsaud going to do?

: vais me baigner.

C

M. MARSAUD	Où allez-vous maintenant?
JEAN-PAUL	Je vais me baigner. Tu viens, Claudette?
CLAUDETTE	Oh oui, j'aime bien nager.
MME MARSAUD	Je viens avec vous pendant que papa prépare le déjeuner.
CLAUDETTE	Oh là là!
M. MARSAUD	Tais-toi, Claudette! C'est toi qui vas préparer le dîner ce soir!

Qui va se baigner?
Mme Marsaud va préparer le déjeuner?
Qui va faire la cuisine ce soir?

.istening practice
ı

The Nicolas family are deciding what to do on holiday. Listen to their conversation and discover where each person wants to go.

ui est-ce?
ù sont-ils?
ue font-ils?

1

2

3

CINEMA

pratique

Asking and saying at what time people are coming

Je viens Tu viens Elle vient Nous venons Vous venez Ils viennent	à midi. à une heure et demie? vers six heures. demain matin. ce soir? tout à l'heure.

Saying people aren't coming

Tu	ne	viens	pas	chez les Nicolas? à la surprise-parti
Il		vient		

Giving instructions

Viens Venez	chez moi à neuf heures. avec moi au club.

1. Chez le docteur

Hélène is working on Saturday mornings as a doctor's receptionist. The doctor asks her who is coming to see him this morning. What does Hélène reply?

exemples

Est-ce que M. Duclos vient aujourd'hui?
Oui, il vient à neuf heures.
Ton père vient ce matin?
Non, il ne vient pas.

l'agenda du docteur

Samedi 30 juin	
09-00	M. Duclos
09-10	M. Brosse
09-20	Mme Lemaître
09-30	M. et Mme Bercot
09-40	Philippe Martin
09-50	Mlle Coty
10-00	M. Lafayette

1 Est-ce que M. Brosse vient aujourd'hui?
2 Et Madame Brosse?
3 Est-ce que Mme Lemaître vient?
4 Et Mademoiselle Coty?
5 M. Lafayette vient ce matin?
6 Et Philippe Martin?
7 Est-ce que M. et Mme Bercot viennent
8 Et M. et Mme Garnier?

Telling people to sit down

What you say

Assieds-toi,	Claudette.
Asseyez-vous,	madame. messieurs. mesdemoiselles.

What they do

Il Elle	s'assied.
Ils Elles	s'asseyent.

And then . . .

Il	est	assis
Elle		assis
Ils	sont	assis
Elles		assis

2. The Marsauds and the Nicolas are going on a train journey together. Look at the plan of the compartment.

a) Where do they all sit?

exemple

Jean-Paul s'assied à côté d'Hélène.

b) Where are they all sitting?

exemple

Mme Marsaud et Mme Nicolas sont assises en face de M. Marsaud et M. Nicolas.

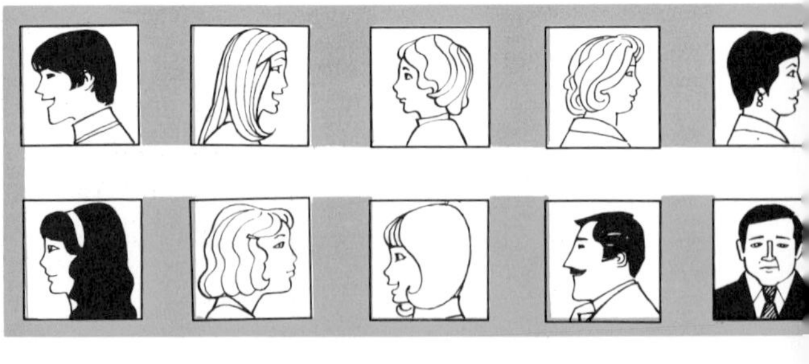

moi et toi

Talking about your holiday plans

Tu vas en vacances, Marc?

Oui, je vais passer une quinzaine en Bretagne.

Alors, bonnes vacances! Moi je vais aller chez des parents à la campagne.

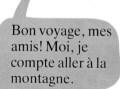

Bon voyage, mes amis! Moi, je compte aller à la montagne.

	You say
To say you are going on holiday	Je vais en vacances.
To say you're going to spend a fortnight	Je vais passer une quinzaine.
To say you are going to stay with friends	Je vais aller chez des amis.
To say you are going to visit relatives	Je vais rendre visite à des parents.
To say you plan (intend) to go	Je compte aller *en Ecosse*.
To say who you're going with	Je (J'y) vais avec *mes parents*.
To wish someone a good holiday	Bonnes vacances!
To wish someone a good journey	Bon voyage!

On va en vacances

A. Work with a partner. Ask each other questions about your plans for the summer holidays (*les grandes vacances*).

B. Make a list of all the things that you might take with you on holiday. Here are a few new words to give you a start. You could use a dictionary to find out what they mean, and then add other things to your list:

un maillot de bain
une brosse à dents
une chemise de nuit
du savon
une serviette
du dentifrice
un peigne
un appareil-photo
un transistor
des lunettes de soleil

Here's a final message from Chantal and Marc. To find out what they are saying, you must first crack the simple code!

1 21 / 18 5 22 15 9 18 /
5 20 / 2 15 14 14 5 19 /
22 1 3 1 14 3 5 19 / 1 /
20 15 21 20 / 12 5 /
13 15 14 4 5!

checkpoints

1 Saying things are yours

How would you say these things are yours?

1 
2 
3 
4 
5 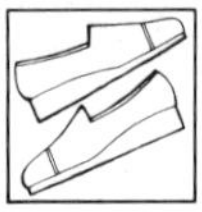

2 Talking about the weather

What can you say about the weather in these pictures?

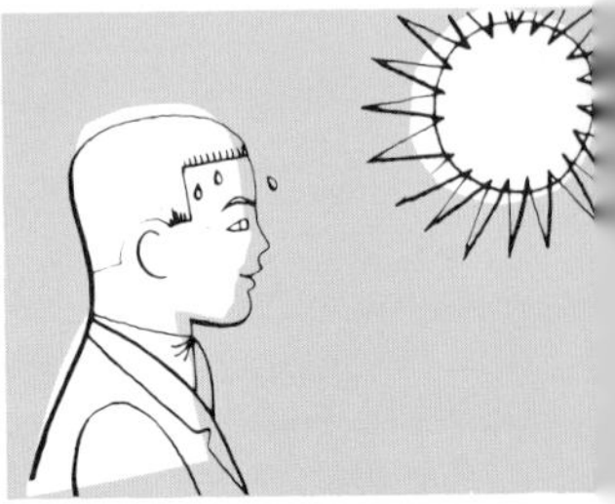

3 Saying what you are going to do

How would you say you are going to do these things . . .?

go camping
go shopping
go skiing
go for a walk
do the housework
do the washing
do the washing up
do the cooking
have a wash

4 Saying what you like and dislike

Can you point to the things you like and say you like them?

Can you point to the things you don't like and say you don't like them?

1 
2 
3 
4 
5 
6 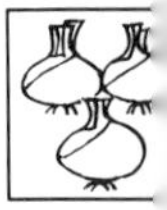
7 
8 
9 

5 Asking questions

Imagine that your brother has just bought himself a present. How would you ask him . . .

What is it?
Where is it?
How much do they cost?
What's it like?
What colour is it?
Is it for me?

checkpoints

6 Making suggestions

How would you suggest to friends that you all go to these places?

1 
2 
CINEMA
3 
4 
5 

7 Saying how you feel

How would you say that you feel . . .?

cold hot hungry sick thirsty well

8 Saying you are not well

How would you say that you have pains in these parts of your body?

1 
2 
3 
4 
5 

9 Talking about getting ready

Can you say what you do when you are getting ready to go out?

1 
2 
3 
4 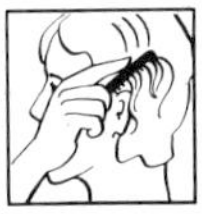
5 

10 Talking about your holidays

Can you say that you are going (or planning to go) to these places?

1 Pays de Galles
2 Irlande
3 Edimbourg
4 Londres
5 France

11 Asking people if they have things

Imagine that you are going on holiday. What would you say to your sister to check that she had these things . . . .?

1 
2 
3 
4 
5 

12 Expressing good wishes

How would you say to your friend . . . .?

Good luck! Happy birthday! Happy New Year!

Merry Christmas! Best wishes! Have a good holiday!

Un kilomètre à pied

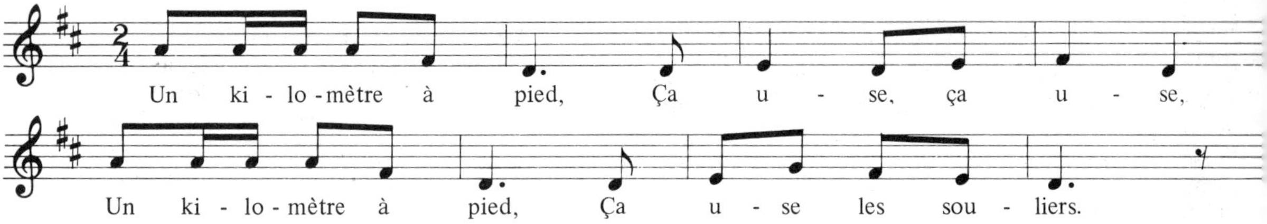
Un ki - lo - mètre à pied, Ça u - se, ça u - se,
Un ki - lo - mètre à pied, Ça u - se les sou - liers.

1. Un kilomètre à pied,
Ça use, ça use,
Un kilomètre à pied,
Ça use les souliers.

2. Un, deux kilomètres à pied,
Ça use, ça use,
Deux kilomètres à pied,
Ça use les souliers.

3. Un, deux, trois kilomètres à pie
Ça use, ça use,
Trois kilomètres à pied,
Ça use les souliers.

Savez-vous planter les choux?

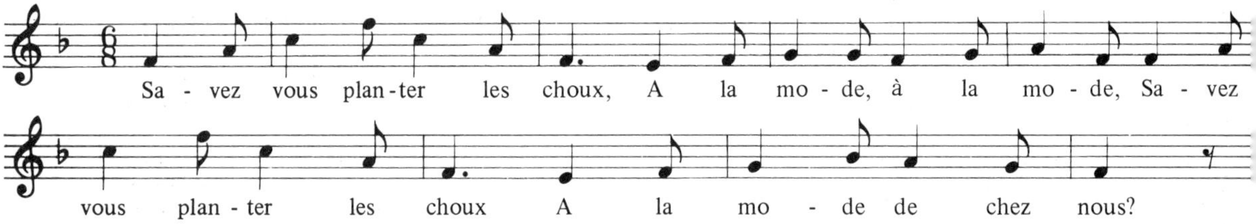
Sa - vez vous plan - ter les choux, A la mo - de, à la mo - de, Sa - vez
vous plan - ter les choux A la mo - de de chez nous?

2. On les plante avec le nez,
A la mode, à la mode,
On les plante avec le nez,
A la mode de chez nous.

3. On les plante avec le pied,
A la mode, à la mode,
On les plante avec le pied,
A la mode de chez nous.

4. On les plante avec le doigt,
A la mode, à la mode,
On les plante avec le doigt,
A la mode de chez nous.

Chevaliers de la table ronde

1
Che - va - liers de la ta - ble ron - de, Goû-tons voir si le vin est bon. Che - va -
en chœur
en chœur
2
liers Goû - tons voir, oui, oui, oui, Goû - tons voir non, non,
1
2
non, Goû - tons voir si le vin est bon Goû - tons bon.

2. S'il est bon, s'il est agréable, } bis
J'en boirai jusqu'à mon plaisir.
J'en boirai, oui, oui, oui, } bis
J'en boirai, non, non, non,
J'en boirai jusqu'à mon plaisir.

3. Quand je meurs, je veux qu'on m'enterre
Dans la cave où il y a du bon vin.
Dans la cave, oui, oui, oui, etc.

4. Les deux pieds contre la muraille
Et la tête sous le robinet.
Et la tête, oui, oui, oui, etc.

5. Sur ma tombe je veux qu'on inscrive:
'Ici gît le roi des buveurs.'
'Ici gît, oui, oui, oui . . .' etc.

A. Articles

1.

masc. singular		fem. singular		plural	
le un	livre placard	la une	montre règle	les des	livres hommes montres amis amies
l' un	ami homme	l' une	amie église		
le du	fromage vin	la de la	soupe farine		
de l'	argent	de l'	eau		

The article placed before a noun agrees with that noun in number (singular **LE, LA, L'** or plural **LES**) and gender (masculine **LE** or feminine **LA**).

2. **LE LA L' LES** *the* are often used in French when *the* would not be used in English:
– Je n'aime pas LE café. *I don't like coffee.*

3. When used with **À** *to, at,* **LE** becomes **AU**:
– Nous allons AU cinéma ce soir.
LES becomes **AUX**:
– Je vais donner des chocolats AUX enfants.

4. When used with **DE** *of, from,* **LE** becomes **DU**:
– Mme Lafayette est la femme DU professeur.
LES becomes **DES**
– Voilà le père DES enfants.
Remember there is no 's' apostrophe in French, and **DE** is used to show who owns something:
– Voici le cahier DE Jean-Paul.
– Où sont les cassettes DU professeur?

5. **UN UNE DES** *a, an, some*
are used when no particular person or thing is being referred to:
– Tu as UN crayon?
– Donnez-moi UNE tasse de café.
– Je vais au jardin public avec DES amis.

6. **DU DE LA DE L' DES** *some, any*
– J'ai DU vin dans mon verre.
– Il y a DES pommes sur le buffet.

7. **DE** or **D'** are used alone instead of **UN UNE DU DE LA DE L' DES**
➧ after a negative expression:
– Tu as DES frères?
– Non, je n'ai pas DE frères.
– Y a-t-il DU sucre?
– Non, il n'y a pas DE sucre.
➧ with expressions of quantity:
Il y a beaucoup DE sandwiches.
Vous avez une bouteille D'huile?

The practice exercises are related by the numbers in brackets to the grammar summary.

A.(1) Write in the singular:

les livres	les amies
les montres	les chocolats
les hommes	les poires
les professeurs	les oignons
les amis	les voitures

B.(1,6) Ask for these things, adding **du, de la, de l', des:**
exemple Vous avez *des* bananes?

– fromage	– huile
– soupe	– farine
– sucre	– café
– thé	– œufs
– eau	– pommes

C.(3) Say where you are going, adding **à, au, à la, à l':**
exemple Je vais *à* Londres.

– Paris	– épicerie
– cinéma	– Edimbourg
– banque	– club
– église	– Poste
– théatre	– hôpital

D.(1) Write in the singular:

des éléphants	des filles
des tigres	des garçons
des girafes	des oranges
des œufs	des vélos
des bananes	des chaises

E.(7) Say you haven't any of these things, using **de, d':**
exemple Je n'ai pas *d'*huile.

un sandwich	de la limonade
un oignon	de la soupe
une règle	de l'encre
une assiette	de l'eau
du pain	des disques
du fromage	des animaux

F.(7) Which "expression of quantity" would you use to ask for these things in a shop?
exemple un kilo de pommes.

– poires	– sardines
– limonade	– pommes de terre
– thé	– Coca-Cola
– carottes	– biscuits
– chips	– huile

8. **CE CET CETTE CES** *this, that, these, those*

masc. sing.	Ce	garçon	est	content.
	Cet	enfant		
fem. sing.	Cette	femme		bête.
plural	Ces	garçons	sont	contents.
		femmes		françaises.

9. **MON MA MES** etc.

masc. sing		fem. sing		plural	
mon ton son notre votre leur	père frère ami	ma ta sa notre votre leur	mère sœur	mes tes ses nos vos leurs	parents amies

All possessive adjectives agree in number with the noun.
MON TON SON have feminine singular forms, **MA TA SA:**
– C'est MON livre.
– Voilà TA montre.
– Où sont SES cahiers?

10. **MON TON SON** are used before a feminine singular noun which begins with a vowel sound or before an adjective which stands before the noun and which begins with a vowel sound.
– C'est MON amie Hélène.
– Voici MON autre robe bleue.

11. The possessive adjective is repeated (and agrees) before each noun:
MA mère et MON père sont en ville.

12. **SON SA SES** means *his, her, its, one's:*
– SON chapeau *his hat, her hat, etc.*
– SA mère *his mother, her mother, etc.*
The meaning is usually made clear by the sense.
Remember the possessive adjective agrees with the thing possessed, and not the possessor.

B. Adjectives

13.

	masc.		fem.	
Jean-Paul a un pull-over	vert. rouge. jaune.	Claudette a une robe	verte. rouge. jaune.	singular
Voici des crayons	verts. gris. rouges.	Voilà des jupes	vertes. grises. rouges.	plural

A.(8) Write in the singular:

ces garçons	ces pêches
ces femmes	ces oignons
ces filles	ces fromages
ces hommes	ces maisons
ces éléphants	ces chemises

B.(9,10) Write the correct word for "my":

– frère	– blue jean
– sœur	– devoirs
– parents	– ami
– pantalon	– amie
– lettre	– amies

C.(12) Write the correct word for "his":

– père	– chemise
– mère	– vélo
– sœur	– blue-jean
– frère	– règle
– amis	– livres

D.(12) Write the correct word for "her":

– grand-père	– jupe
– grand-mère	– stylo
– grand-parents	– ami
– blue-jean	– sandwiches
– amies	– amie

E.(9) Complete the sentences, using the correct word for "your":
Voici – stylo, papa.
Voilà – stylo, monsieur.
Où est – fille, madame?
Vous avez – billets, messieurs?
Où sont – gants, maman?
Tu as – vélo, Jean-Paul?
Tu as – vélo, Claudette?
Tu as – cassette, Marie-France?
Vous avez – parapluie, monsieur?
Où sont – amies, mademoiselle?

F.(13) Use the correct form of the adjective to describe these clothes:

vert →	un chandail	une jupe
noir →	un chapeau	des chapeaux
gris →	une robe	des robes
rouge →	une chaussette	un manteau
jaune →	des chaussures	une veste
bleu →	un pyjama	des pull-overs
brun →	une chemise	des pantoufles

14. Adjectives agree in number and gender with the noun.
Note Adjectives which end in **E** do not change in the feminine:
– un ballon ROUGE, une robe ROUGE
Adjectives which end in S or X do not change in the masculine plural:
– un stylo GRIS, mes stylos GRIS
– un VIEUX bateau, deux VIEUX bateaux

15. Most adjectives usually stand after the noun.

16. These adjectives usually stand before the noun:
➧ ordinal numbers
– Grand-père va arriver par le PREMIER train.
➧ possessive adjectives **MON TON,** *etc.*

➧ autre	joli	jeune
beau	long	grand
bon	petit	
chaque	vieux	

17. Some adjectives have a second form of the masculine singular, used before a noun or another adjective which begins with a vowel sound:

BEAU	**BEL**	– Quel BEL homme!
VIEUX	**VIEIL**	– Ce VIEIL homme.
CE	**CET**	– CET homme.

18. Pay special attention to the following adjectives:

masc. sing.	fem. sing.	masc. pl.	fem. pl.
chic	chic	chics	chics
beau	belle	beaux	belles
premier	première	premiers	premières
neuf	neuve	neufs	neuves
blanc	blanche	blancs	blanches
long	longue	longs	longues
vieux	vieille	vieux	vieilles

C. Indefinite adjectives and pronouns

19. CHAQUE adjective, *each, every* does not vary:
– CHAQUE fille a un livre.

20. AUTRE AUTRES adjective and pronoun, *another, other*
– Les AUTRES (élèves) entrent en retard.

21. TOUT TOUTE TOUS TOUTES adjective and pronoun, *all*
– Ne mange pas TOUT le fromage.
– TOUTES les femmes vont en ville.

22. TOUT pronoun, *everything*
– J'ai TOUT.

A.(14,15) Use the correct form of the adjective to describe the following:
(Remember that these adjectives stand *after* the noun.)

intelligent →	un garçon	une femme
neuf →	des gants	une jupe
blanc →	une chemise	des chaussettes
bête →	un chien	des filles
français →	des livres	une voiture
chic →	une veste	des robes
fatigué →	un homme	des filles
formidable →	une moto	des cadeaux

B.(16-18) Use the correct form of the adjective to describe the following:
(Remember that these adjectives stand *before* the noun.)

autre →	le jour	les élèves
premier →	le train	la maison
bon →	un élève	une idée
jeune →	un homme	des filles
petit →	un paquet	une ville
vieux →	un vélo	un homme
beau →	un jour	un enfant

C.(15-18) Put the adjectives in the correct position to describe the following:

longue →	une journée
bleu →	un chapeau
blanche →	une souris
jolie →	une maison
neuves →	des chaussures
premiers →	les jours
vieux →	un disque
grandes →	les vacances

D.(14-18) Use the correct form and position of the adjective to describe the following:

vert →	des assiettes
bon →	un élève
petit →	une rivière
content →	un chien
gris →	une veste
autre →	les garçons
fatigué →	des facteurs
anglais →	des voitures
écossais →	une cravate
irlandais →	du fromage
long →	une liste
gallois →	les montagnes

E.(21) Use the correct form of "tout" to complete these phrases:

– le fromage	– l'année
C'est –, merci.	– les filles
– les professeurs	– les matins
Bonjour, – le monde.	A – vitesse
J'ai – maintenant.	A – à l'heure

D. Nouns

23. To form the plural of a noun, **S** is usually added to the singular form. **Remember S** is normally only pronounced when followed by a word which begins with a vowel sound:

singular	plural
un homme une femme l'enfant la fille	des hommes des femmes les enfants les filles

24. Nouns ending in S do not change in the plural:

singular	plural
le bras le fils	les bras les fils

25. Pay particular attention to the following nouns:

singular	plural
le genou le chapeau le gâteau le cheval l'animal l'œil	les genoux les chapeaux les gâteaux les chevaux les animaux les yeux

E. Pronouns

26.

JE	*I*	
TU	*you*	when addressing a friend, a child, a member of the family, or a pet.
IL	*he, it*	refers to a person or thing with a masculine name: Où est le vin? IL est sur le buffet.
ELLE	*she, it*	refers to a person or thing with a feminine name: Où est la voiture? ELLE est là-bas.
NOUS	*we*	
VOUS	*you*	used when addressing more than one person, or one grown-up, other than a close relative.
ILS	*they*	refers to persons and things with masculine names, and to a mixed masculine and feminine group: Où sont Jean-Paul et Claudette? ILS sont dans le jardin.
ELLES	*they*	refers to persons and things with feminine names: Où sont les cuillers? ELLES sont dans la cuisine.

A.(23-25) Write in the plural:

la pomme	la règle
le jour	la maison
le pays	un Anglais
l'élève	une Anglaise
le pardessus	le gâteau
la souris	le repas

B.(26) Replace the nouns *in italics* with "il/elle/ils/elles".

exemple Les garçons vont au lac.
Ils vont au lac.

Les garçons achètent des glaces.
Jean-Paul retrouve Henri.
Claudette et Cécile aiment l'école.
M. Lafayette arrive en retard.
Bruno chasse des vaches.
M. et Mme Marsaud sont au café.
Marie-France travaille à la banque.
Hélène et Claudette jouent au volley-ball.
Cécile attend son amie Colette.
Les deux amies ne viennent pas au café.

C.(26) Replace the blanks with "tu" or "vous" and the correct form of "aimer".

.... le café, Jean-Paul?
.... le café, monsieur?
.... l'école, mes amis?
.... la musique pop, madame?
.... l'école, Alain?
.... les chocolats, maman?
.... le vin, messieurs?
.... le Coca-Cola, monsieur?
.... les disques, ma fille?
.... le fromage, mon ami?

D.(27) Replace the phrases *in italics* with "on" and the correct form of the verb.

Nous allons à la plage.
Nous n'*aimons* pas aller au cirque.
Nous restons à la maison.
Nous attendons les copains.
Nous n'*allons* pas au marché.
Nous écoutons des disques.
Nous regardons la télé tous les soirs.
Nous choisissons des bonbons à la confise

27. **ON** *one, someone, they*
– ON sonne à la porte. Qui est-ce?
Note ON is often used instead of **NOUS:**
– Où allez-vous, mes enfants?
– ON va à la pêche.

28. **CE** is often used instead of **IL ELLE ILS ELLES** with **ÊTRE** when followed by a noun:
– C'est mon père.
– C'est un garçon intelligent.
But – IL est intelligent.

29. **Y** is used instead of **À** + noun to refer to a place, meaning *there:*
– Allez-vous quelquefois **À** Paris?
– Oui, j'y vais souvent.

30. **EN** is used instead of **DE** + noun, meaning *some, of it, of them, any,* etc.
It must be used with expressions of quantity, even where English requires no pronoun:
– Vous avez des frères?
– Oui, j'EN ai deux.

31. Reflexive pronouns (**SE**, *etc.*) agree in person with the subject, even in the infinitive:
– Jean-Paul va SE reposer.
– Je vais ME reposer.

F. Interrogative words

32. **QUEL? QUELLE? QUELS? QUELLES?** *which?*
agree in number and gender with the noun:
– QUEL jour est-ce?
– QUELLE heure est-il?
– De QUELLE couleur sont vos chaussures?
– QUELS disques préférez-vous?
– QUELLES robes préférez-vous?

33. **QUI? who? whom?**
refers to persons and may be used as a subject, or object, or with a preposition:
– QUI va payer le déjeuner?
– Pour QUI sont ces sandwiches?

34. **QUE?** *what?*
refers to things, and is used as the direct object:
– QUE vois-tu?

35. **COMBIEN?** *how much? how many?*
is used with **DE**:
– COMBIEN DE garçons y a-t-il dans la classe?
– COMBIEN DE beurre y a-t-il?

36. **COMMENT?** *how?*
– COMMENT vas-tu aller en ville?

A. (28) Use "c'est" or "ce sont" to complete these sentences:
. . . . . ma mère.
. . . . . une belle fille.
. . . . . vendredi.
. . . . . des élèves intelligents.
. . . . . des voitures anglaises.
. . . . . le Jour de l'An.
. . . . . des amies de Cécile.
. . . . . une bonne idée.

B. (29) Replace the words *in italics* by "y".
exemple Tu vas *à Paris* demain?
Tu *y vas* demain?
Tu vas souvent *à Paris?*
Elle va *au cinéma* ce soir.
Je vais *à l'école* en vélo.
Vous allez souvent *en ville?*
Elle retrouve grand-père *à la gare.*
Nous allons *au Pays de Galles* en été.
Il va *au travail* tous les jours.
Elles vont *à la campagne* en vélo.

C. (30) Replace the words *in italics* by "en".
exemple Tu as *de l'argent?*
Tu *en* as?
Tu as *des stylos?*
Elle a *de l'argent?*
Est-ce que tu as *une règle?*
J'ai deux *règles.*
Il mange *des bananes.*
Elle mange beaucoup *de bananes.*
Je voudrais un kilo *de pêches.*
Elles achètent trois *disques.*
Je n'ai pas *de sandwiches.*
Elle n'a pas beaucoup *d'amies.*

D. (32) Use the correct form of "quel" in these questions:
. . . . . temps fait-il?
. . . . . est la date?
. . . . . robe vas-tu porter?
. . . . . animaux n'aimez-vous pas?
. . . . . amies vas-tu inviter?
Je t'offre une glace. . . . . . parfum?

E. (33-39) Complete each question with a suitable interrogative:
. . . . . est le frère de Claudette?
. . . . . fais-tu, Jean-Paul?
. . . . . est mon stylo?
. . . . . allez-vous à Paris?
. . . . . de sœurs avez-vous?
. . . . . est-ce que tu es en retard?

37. **OÙ?** *where?*
– OÙ sont mes livres?
– OÙ est-ce qu'on achète des fruits?
Note the use of **EST-CE QUE.**

38. **POURQUOI?** *why?*
– POURQUOI est-ce que tu rentres chez toi?
Note the use of **EST-CE QUE.**

39. **QUAND?** *when?*
– QUAND est-ce que grand-père arrive?
Note the use of **EST-CE QUE.**

G. The use of verbs

40. The Present Indicative tense is used to describe
- what is happening now:
  – Jean-Paul FAIT ses devoirs.
  Jean-Paul is doing his homework.
- what does happen (sometimes):
  – Je VAIS au collège cinq jours par semaine.
  I go to school five days a week.
- a state of affairs which has started in the past and will continue in the future:
  – Marie-France TRAVAILLE à la banque.
  Marie-France works at the bank.

41. The Imperative Mood is used for instructions, commands or suggestions:
– DONNE-moi le stylo! *Give me the pen!*
– OUVREZ la porte! *Open the door!*
– ALLONS au cinéma! *Let's go to the cinema!*

42. **ALLER** + infinitive is used of actions which are about to take place or which will take place soon:
– Je VAIS acheter un livre ce matin.
I am going to buy a book this morning.
– On VA jouer au volley-ball demain.
We are going to play volley-ball tomorrow.

43. **AIMER** + infinitive, *to like doing something*
– Jean-Paul et ses amis AIMENT jouer au football.
Jean-Paul and his friends like playing football.

44. **PRÉFÉRER** + infinitive, *to prefer doing something*
– Les filles PRÉFÈRENT jouer au tennis.
The girls prefer playing tennis.

45. **ATTENDRE** *to wait, to wait for*
– Je vais ATTENDRE Monique.
I'm going to wait for Monique.

46. **CHERCHER** *to search, to look for*
– Jean-Paul CHERCHE Michel.
Jean-Paul is looking for Michel.

A. (40) Complete these sentences using the present tense of the verbs in brackets.

i) Je (chercher) mon chien.
Tu (jouer) au football?
Nous (attendre) l'autobus.
Elles (choisir) des bonbons.
Je (écouter) la radio.
Il (arriver) à midi.
Elle (finir) ses devoirs.
On (rentrer) en retard ce soir.
Est-ce que vous (répondre) à ses lettres
Ils (payer) leurs billets.

ii) Tu (faire) tes devoirs?
Nous (venir) à huit heures.
Je (préférer) cette robe-là.
Vous (voir) ces tigres?
Il (offrir) un cadeau à sa mère.
Ils (avoir) une voiture neuve.
Elle (s'asseoir) sur la plage.
Je (se lever) à sept heures.
On (aller) en ville.
Elles (dire) au revoir au professeur.

B. (42,43)
Say that you:
i) don't like doing these things
ii) prefer doing these things
exemples
Je n'aime pas aller à la pêche.
Je préfère aller à la pêche.
– regarder la télé
– écouter les disques
– aller au cirque
– rester à la maison
– manger le fromage
– faire les devoirs
– jouer au tennis
– acheter les vêtements

C. (46-51)
i) Write down the English preposition "hidden" in these sentences.
exemple J'attends le train. (for)
M. Marsaud demande trois billets.
Il paye les billets.
Nous habitons un petit appartement.
Elles écoutent des disques.
Il attend ses amis.
Hélène regarde la voiture de grand-pèr
Claudette cherche son amie Julie.
M. Lafayette se lève à huit heures.

ii) Give the English meaning of each sentence.

47. ÉCOUTER *to listen, to listen to*
– Marie-France ÉCOUTE la radio.
Marie-France is listening to the radio.

48. REGARDER *to look, to look at, to watch*
– M. Marsaud REGARDE la télévision.
M. Marsaud is watching television.

49. DEMANDER *to ask, to ask for*
– Claudette DEMANDE un chocolat.
Claudette asks for a chocolate.

50. HABITER *to live in, to live at*
M. Beauchamp HABITE la maison à la porte verte.
M. Beauchamp lives in the house with the green door.

51. PAYER *to pay, to pay for*
Mme Marsaud PAYE les provisions.
Mme Marsaud pays for the groceries.

52. Expressions with **AVOIR**

avoir	**chaud**	*to be (feel) warm*	J'ai chaud.
	froid	*to be (feel) cold*	Claudette a froid.
	faim	*to be (feel) hungry*	Tu as faim?
	soif	*to be (feel) thirsty*	Elle a soif.

avoir l'air . . .	*to look . . .*	Bruno a l'air content.

avoir x ans	*to be x years old*	M. Lafayette a soixante ans.

53. expressions with **FAIRE**

Il fait	chaud.	*It's warm (hot).*
	beau.	*It's fine.*
	du soleil.	*It's sunny.*
	froid.	*It's cold.*
	mauvais.	*It's bad weather.*
	du vent.	*It's windy.*
	du brouillard.	*It's foggy.*

faire	les achats	*to do the shopping*
	la lessive	*to do the washing*
	la cuisine	*to do the cooking*
	la vaisselle	*to do the washing up*
	du camping	*to go camping*
	une promenade	
	(à pied)	*to go for a walk*
	en vélo	*to go for a cycle ride*
	en voiture	*to go for a car trip*

A. (52) How do you say in French:
I'm hot.
I'm cold.
I feel thirsty.
I feel hungry.
Are you cold?
Are you hungry?
Are you warm?
Do you feel thirsty?
I'm twelve. She's thirty-five.

B. (53) Complete these sentences with the correct form of "faire" and say what each sentence means.

Il . . . . . chaud.
Nous . . . . . du camping.
Il . . . . . mauvais.
Elle . . . . . une promenade en vélo.
Il . . . . . la cuisine.
Nous . . . . . la vaisselle.
Il . . . . . du brouillard.
Vous . . . . . la lessive?
On . . . . . une promenade en voiture.
Je . . . . . des achats.

C. Complete these sentences using the correct form of the verbs in the brackets.

Je (se laver) dans la salle de bains.
Il (se raser) dans la cuisine?
Je ne (se raser) pas.
Ils (s'asseoir) sur la plage.
Nous (se réveiller) à six heures.
Elles (se coucher) à minuit.
Elle (s'habiller) dans sa chambre.
Tu (se promener) chaque jour?
Elle (se peigner) dans la chambre.
Je (se brosser) les dents dans la salle de bains.

D. Tell your friend to do these things:

manger le gâteau
venir à sept heures
nettoyer le vélo
aller au jardin public
faire la vaisselle
regarder le professeur
attendre les copains
finir les devoirs
s'asseoir
se dépêcher

verbs

A. Regular –ER verbs

	DONNER *to give*		
PRESENT	**je tu il elle nous vous ils elles**	**donn**	**e es e e ont ez ent ent**
NEGATIVE	**je ne donne pas** *etc.*		
INTERROGATIVE	**est-ce qu'il donne . . . ?**		
IMPERATIVE	**donne! donnons! donnez!**		

B. Regular–IR verbs

	FINIR *to finish*		
PRESENT	**je tu il elle nous vous ils elles**	**fin**	**is is it it issons issez issent issent**
NEGATIVE	**je ne finis pas** *etc*		
INTERROGATIVE	**est-ce qu'il finit . . . ?**		
IMPERATIVE	**finis! finissons! finissez!**		

C. Regular–RE verbs

	VENDRE *to sell*		
PRESENT	**je tu il elle nous vous ils elles**	**vend**	**s s ons ez ent ent**
NEGATIVE	**je ne vends pas** *etc.*		
INTERROGATIVE	**est-ce qu'il vend . . . ?**		
IMPERATIVE	**vends! vendons! vendez!**		

D. Reflexive verbs

	SE LAVER *to wash (onesel*		
PRESENT	**je me tu te il se elle se nous nous vous vous ils se elles se**	**lav**	**e es e e ons ez ent ent**
NEGATIVE	**je ne me lave pas** *etc*		
INTERROGATIVE	**est-ce qu'il se lave?**		
IMPERATIVE	**lave-toi! lavons-nous! lavez-vous!**		

E.–ER verbs with spelling changes

i. **ACHETER** *to buy*
requires **è** when the following syllable contair
mute **e**:

j'achète tu achètes il achète	**nous achetons vous achetez ils achètent**
like **acheter**	**(se) lever, enlever, mener, se promener**

ii. **APPELER** *to call*
requires **ll** when the following syllable contai
mute **e**:

j'appelle tu appelles il appelle	**nous appelons vous appelez ils appellent**
like **appeler:**	**s'appeler, rappeler**

iii. **RÉPÉTER** *to repeat*
requires **è** before mute endings:

je répète tu répètes il répète	**nous répétons vous répétez ils répètent**
like **répéter:**	**préférer**

iv. **NETTOYER** *to clean*

requires **i** instead of **y** when the following syllable contains mute **e**:

je nettoie **tu nettoies** **il nettoie**	**nous nettoyons** **vous nettoyez** **ils nettoient**
like **nettoyer:**	**employer, envoyer, essayer, payer**

Note with verbs which end in **–AYER** the change is optional.

v. **MANGER** *to eat*

requires **ge** before **o** or **a**:

je mange **tu manges** **il mange**	**nous mangeons** **vous mangez** **ils mangent**
like **manger:**	**changer, nager, ranger**

vi. **COMMENCER** *to begin*

requires **ç** before **o** or **a**:

je commence **tu commences** **il commence**	**nous commençons** **vous commencez** **ils commencent**
like **commencer:**	**lancer**

F. Irregular verbs

i.

ALLER	*to go*
je vais **tu vas** **il va**	**nous allons** **vous allez** **ils vont**
Note IMPERATIVE **va! (va-t'en, vas-y)** **allons!** **allez!**	

ii.

S'ASSEOIR	*to sit (down)*
je m'assieds **tu t'assieds** **il s'assied**	**nous nous asseyons** **vous vous asseyez** **ils s'asseyent**

iii.

AVOIR	*to have*
j'ai **tu as** **il a**	**nous avons** **vous avez** **ils ont**

iv.

DIRE	*to say, to tell*
je dis **tu dis** **il dit**	**nous disons** **vous dites** **ils disent**

v.

ÊTRE	*to be*
je suis **tu es** **il est**	**nous sommes** **vous êtes** **ils sont**

vi.

FAIRE	*to do, to make*
je fais **tu fais** **il fait**	**nous faisons** **vous faites** **ils font**

vii.

OFFRIR	*to give*
j'offre **tu offres** **il offre**	**nous offrons** **vous offrez** **ils offrent**

viii.

VENIR	*to come*
je viens **tu viens** **il vient**	**nous venons** **vous venez** **ils viennent**

ix.

VOIR	*to see*
je vois **tu vois** **il voit**	**nous voyons** **vous voyez** **ils voient**

Vocabulary

The numbers after the English meaning indicate the *leçon* in which the word first occurs.

I = Introduction

à, to, at (2)
d'abord, first, at first (3)
un abricot, apricot (13)
d'accord, all right, I agree (11)
achats, faire des —, to go shopping (16)
acheter, to buy (11)
un aéroport, airport (11)
une affiche, notice (17)
l'âge (*m*), age (3)
quel — as-tu? how old are you? (3)
une agence de voyages, travel agency (14)
un agenda, diary (13)
aider, to help (9)
j'aime, I like (3)
j'aime mieux, I prefer (6)
aimer, to like, to love (4)
une alimentation générale, general store (9)
l'Allemagne (*f*), Germany (7)
aller, to go (11)
pour — à . . . ?, which is the way to . . . ? (14)
— à la pêche, to go fishing (16)
— bien, to be well (18)
— chercher, to fetch (14)
allez-vous-en!, go away! (13)
allons-y!, let's go! (17)
un(e) ami(e), friend (1)
amuse-toi bien!, have a good time! (13)
un ananas, pineapple (18)
anglais(e), English, British (10)
l'anglais (*m*), English (1)
l'Angleterre (*f*), England (2)
les animaux (*m*), animals (6)
une année, year (7)
bonne —, Happy New Year (7)
un anniversaire, birthday (3)
bon —, happy birthday (7)
août, August (7)
un appareil-photo, camera (20)
un appartement, flat (2)
appeler, to call (18)
s'appeler, to be called (I)
apporter, to bring (8)
après, after (12)
de l'après-midi, in the afternoon, (4)
un arbre, tree (8)
l'argent (*m*), money (9)
l' — de poche, pocket money (7)
une armoire, wardrobe (19)
un arrêt, bus-stop (17)
j'arrive, I'm coming (2)
l'arrivée (*f*), arrival (14)
arriver, to arrive (4)
s'asseoir, to sit down (20)
une assiette, plate (3)
assis(e), être —, to be seated, sitting (20)
l'athlétisme (*m*), athletics (13)
attendre, to wait (for) (18)
attention!, look out! (6)
faire —, to be careful (17)
attraper, to catch (6)
aujourd'hui, today (3)
aussi, also (1)
un autobus, bus (11)
l'automne (*m*), autumn (10)
une autoroute, motorway (11)
autour de, around (17)
un(e) autre, another (14)
avant, before (15)
avec, with (1)
un avion, plane (11)
avoir, to have (6)
— besoin (de), to need (9)
— chaud, to be warm, hot (13)
— froid, to be cold (13)
— l'air, to seem (14)
— mal à la tête, to have a headache (18)
— mal au cœur, to feel sick (18)
— soif, to be thirsty (13)
avril, April (7)

les bagages (*m*), luggage (14)
se baigner, to bathe (20)
bain, prendre un —, to have a bath (19)
bains, la salle de —, bathroom (2)
le ballon, ball (5)
la banane, banana (3)
la banque, bank (5)
le bateau, boat (8)
beau: belle, fine, beautiful (7)
beaucoup (de), a lot (of) (4)
la Belgique, Belgium (7)
le béret, beret (10)
besoin, avoir — de, to need (9)
bête, silly, stupid (7)
la bibliothèque, library (5)
bien, well (1)
— entendu, of course (7)
— sûr, of course (5)
bientôt, soon (9)
bienvenue, welcome (1)
le billet, note (9), ticket (14)
blanc(he), white (6)
bleu(e), blue (8)
le blouson, windcheater (10)
un blue-jean, jeans (10)
le bois, wood (8)
la boisson, drink (13)
la boîte, box (3), tin (9)
bon(ne), good (2)
bon anniversaire, happy birthday (7)
— Noël, Merry Christmas (7)
— voyage!, have a good trip (20)
bonne année, Happy New Year (7)
— chance, good luck (I)
de — heure, early (5)
bonnes vacances!, have a good holiday! (20)
les bonbons (*m*), sweets (9)
bonjour, hello, good mornin
bonsoir, good evening (1)
au bord de, beside (18)
la bouche, mouth (15)
la boucherie, butcher's shop (9
la boucle d'oreille, earring (9)
la boulangerie, baker's shop (9
la bouteille, bottle (3)
le bras, arm (15)
la brosse à dents, toothbrush (
(se) brosser, to brush (19)
le brouillard, fog (15)
il fait du —, it's foggy (1
brun(e), brown (8)
Bruxelles, Brussels (7)
le buffet, sideboard (3)
le bureau, office (12)

ça fait, that makes (3)
ça va?, how are you? (1)
le cabinet de toilette, toilet (2)
la cacahuète, peanut (9)
le cadeau, present (3)
le café, café (4), coffee (4)
le cahier, exercise book (I)
le camion, lorry (11)
la camionnette, van (11)
à la campagne, in(to) the country
le camping, campsite (8)
faire du —, to go campin
la capitale, capital (7)
le car, coach (11)
la carotte, carrot (3)
le cartable, satchel (2)
la carte, map (I)
la — postale, postcard (9)
les cartes (*f*), cards (13)
la casquette, cap (10)
le cassis, blackcurrant (13)
cent, one hundred (2)
le centime, centime (9)
certainement pas, certainly n
c'est ça, that's right (1)
la chaise, chair (I)
la chambre, bedroom (2)
le chameau, camel (17)
le champ, field (8)
le chandail, sweater (10)
le chapeau, hat (10)
chaque, each, every (9)
chasser, to chase (off) (6)
le chat, cat (3)
chaud(e), warm, hot (13)
avoir —, to be warm, ho
il fait —, the weather is h
la chaussette, sock (10)
la chaussure, shoe (10)
la chemise, shirt (10)
la — de nuit, nightdress (
le chemisier, blouse (10)

ıercher, to look for (4)
'aller — , to fetch (14)
ıéri(e), my dear (10)
ıeval (*pl* **chevaux**), horse (6)
à — , on horseback (11)
ıeveux (*m*), hair (15)
ıèvre, goat (8)
ıez nous, at home (2)
ıic, smart (10)
ıien, dog (3)
ıiffon, duster (15)
ıips (*m*), crisps (9)
ıocolats (*m*), chocolates (3)
ıoisir, to choose (12)
ınq, five (1)
ınquante, fifty (2)
ırque, circus (17)
tron, lemon (13)
asse, class (I)
ient, customer (9)
imat, climate (15)
ochon, pig (8)
le — d'Inde, guinea pig (6)
eur, heart (15)
avoir mal au — , to feel sick (18)
llant, tights (10)
llège, secondary school (I)
llier, necklace (10)
lline, hill (8)
ımbien? how much/many? (9)
ımme, as, for (13)
— toujours, as usual (1)
ımmencer, to begin (5)
ımment ça s'écrit?, how's it spelt? (1)
— dit-on . . . ?, how do you say . . . ? (1)
— est . . . ?, what is . . . like? (8)
ımmissariat, police station (5)
ımprends, je ne — pas, I don't understand (1)
ımpter, to intend (to) (20)
ımptoir, counter (9)
ınfiserie, sweet shop (12)
ıntent(e), pleased, happy (8)
ıntinuer, to continue (7)
ıntrôleur, ticket collector (14)
ıpain, friend (*m*) (13)
ıpine, friend (*f*) (11)
ırps, body (15)
ıté de, next to, beside (17)
ıu, neck (15)
ıucher, to go to bed (19)
ıude, elbow (15)
ıuleur, colour (8)
ıur, playground (5)
ıurs (*m*), lessons (5)
ıuteau, knife (3)
ıuvert, place setting (3)
'oissant, crescent-shaped roll (4)
aie, chalk (2)
avate, tie (10)
'ayon, pencil (I)
ıisine, kitchen (1)
ıiller, spoon (3)

ord, first, at first (3)

d'accord, all right, I agree (11)
dames, jouer aux — , to play draughts (13)
dans, in (1)
danser, to dance (13)
de, of, from (I)
décembre, December (7)
décider (de), to decide (to) (15)
déjà, already (4)
déjeuner, to have lunch (10)
le — , lunch (2)
le petit — , breakfast (4)
demain, tomorrow (15)
demander, to ask (for) (7)
et demie, half past (3)
une demi-heure, half an hour (17)
le dentifrice, toothpaste (20)
le départ, departure (14)
se dépêcher, to hurry (19)
le dentiste, dentist (13)
derrière, behind (17)
descendre, to come (go) down, to get off (14)
en désordre, untidy (15)
le dessin, art (7)
détester, to hate (7)
deux, two (1)
deuxième, second (2)
devant, in front of (11)
la devinette, riddle (15)
les devoirs (*m*), homework (12)
Mon Dieu!, Good heavens! (11)
le dimanche, Sunday (3)
le dîner, dinner (3)
dire, to say (16)
la discothèque, disco (13)
le disque, record (9)
distance, à quelle — ?, how far? (11)
dix, ten (1)
dixième, tenth (10)
le docteur, doctor (20)
c'est dommage, it's a pity (9)
donner, to give (4)
le dos, back (15)
la douche, shower (19)
douze, twelve (1)
douzième, twelfth (12)
dresser, to put up (17)
tout droit, straight on (5)
à droite, to the right (5)
drôle, funny (17)

l'eau (*f*), water (3)
— minérale, soda water (13)
échecs, jouer aux — , to play chess (13)
une école, school (5)
— maternelle, nursery school (5)
écossais(e), Scottish (10)
l'Ecosse (*f*), Scotland (2)
écouter, to listen (to) (I)
Edimbourg, Edinburgh (7)
une église, church (5)
un éléphant, elephant (17)
un(e) élève, pupil (I)
l'emploi du temps (*m*), timetable (7)
un employé, worker, employee (17)

en, in (I)
encore, again (2)
pas — , not yet (19)
quoi — ? what else? (3)
l'encre (*f*), ink (2)
les enfants, children (I)
enfin, at last (1)
enlever, to take off (13)
je m'ennuie, I'm bored (15)
être enrhumé(e), to have a cold (18)
ensemble, together (5)
bien entendu, of course (7)
entre, between (17)
une entrée, entrance (2)
entrer, to go in, to come in (4)
une épaule, shoulder (15)
une épicerie, grocer's shop (9)
équestres, les sports — , riding (13)
un escalier, staircase (2)
l'Espagne (*f*), Spain (7)
espèce d'idiot(e), silly fool (7)
l'est (*m*), east (15)
l'été (*m*), summer (10)
en — , in summer (5)
étrange, strange (6)
être, to be (6)
— assis, to be seated, sitting (20)
— enrhumé(e), to have a cold (18)
étudier, to study (7)
excusez-moi, excuse me (1)

en face de, opposite (17)
le facteur, postman (8)
faible (en), not very good (at) (7)
faim, j'ai — , I'm hungry (1)
faire, to do, to make (13)
que — ?, what shall (we) do? (15)
— des achats, to go shopping (16)
— attention, to be careful (17)
— du camping, to go camping (16)
— la cuisine, to do the cooking (16)
— la lessive, to do the washing (16)
— le ménage, to do the housework (16)
— une promenade, to go for a walk (16)
— une promenade en vélo, to go for a cycle ride (18)
— sa toilette, to have a wash (19)
— la vaisselle, to do the washing up (16)
ne t'en fais pas, don't worry! (15)
il fait chaud, the weather is hot (13)
la famille, family (1)
la farine, flour (9)
fatigué(e), tired (8)
fauché(e), broke (9)
faux: fausse, false (4)
la femme, wife (1)
la fenêtre, window (I)
la ferme, farm (8)
fermé(e), closed (3)
fermer, to close, shut (I)
le fermier, farmer (8)

la Fête des Rois, Twelfth Night (7)
février, February (7)
la figure, face (15)
la fille, daughter (1), girl (2)
le fils, son (1)
finir, to finish (12)
la fleur, flower (6)
formidable, great, fantastic (10)
fort(e) (en), good (at) (7)
la fourchette, fork (3)
la fraise, strawberry (13)
la framboise, raspberry (13)
le franc, franc (9)
la France, France (I)
le français, French (1) (7)
le frère, brother (1)
les frites (*f*), chips (9)
froid(e), cold (15)
il fait — , it's cold (15)
avoir — , to be cold (13)
le fromage, cheese (3)
le front, forehead (15)
les fruits (*m*), fruit (3)

Galles, le pays de — , Wales (2)
gallois(e), Welsh (10)
le gant, glove (10)
le garçon, boy (2)
la gare, station (5)
— routière, bus station (14)
le gâteau, cake (9)
à gauche, to the left (5)
Genève, Geneva (7)
le genou, knee (15)
gentil(le), nice, kind (10)
la girafe, giraffe (17)
la glace, ice-cream (9)
grand(e), big, large (8)
grand-mère, grandma (10)
grand-père, grandad (10)
la grenadine, pomegranate (13)
gris(e), grey (8)
gros gourmand!, greedy glutton! (3)
le guichet, ticket-office (17)
la gymnastique, gymnastics, P.E. (7)

s'habiller, to dress (19)
habiter (à), to live (in) (2)
d'habitude, usually (12)
hein?, eh? (1)
l'heure (*f*), time (2)
deux — s, two o'clock (3)
à l' — , on time (2)
de bonne — , early (5)
tout à l' — , shortly (20)
heureuse année, Happy New Year (7)
l'hippopotame (*m*), hippopotamus (17)
l'histoire (*f*), history (7)
une — , story (18)
raconter des — s, to tell lies (19)
l'hiver (*m*), winter (10)
en — , in winter (10)
un homme, man (14)
un hôpital, hospital (5)
un horaire, timetable (14)
une horloge, clock (3)
l'hôtel de ville (*m*), town hall (5)
l'huile (*f*), oil (9)
huit, eight (1)
huitième, eighth (8)
humain(e), human (15)
un hypermarché, hypermarket (9)

ici, here (8)
une idée, idea (13)
un imperméable, raincoat (10)
indiquer, to point (to) (7)
inviter, to invite (11)
irlandais(e), Irish (10)
l'Irlande (*f*), Ireland (2)
l'Italie (*f*), Italy (7)

ne. . .jamais, never (6)
la jambe, leg (15)
le jambon, ham (13)
janvier, January (7)
le jardin, garden (1)
— public, park (5)
jaune, yellow (8)
le jeu de poche, pocket game (9)
jeudi, Thursday (3)
jeune, young (17)
la joue, cheek (15)
jouer (à), to play
le jour, day (3)
le — de l'an, New Year's Day (7)
la journée, day (11)
joyeux Noël, Merry Christmas (7)
juillet, July (7)
juin, June (7)
la jupe, skirt (10)
juste à temps, just in time (5)

le képi, peaked cap (10)
le kilo, kilo(gramme) (9)

là, there (4)
là-bas, over there (13)
le lac, lake (8)
lancer, to throw (13)
le lapin, rabbit (6)
(se) laver, to wash (19)
la leçon, lesson (1)
les légumes (*m*), vegetables (11)
lentement, slowly (1)
la lessive, washing (16)
la lettre, letter (8)
leur(s), their (13)
se lever, to get up (19)
libre, free (7)
la limonade, lemonade (9)
Lisbonne, Lisbon (7)
la liste, list (9)
le lit, bed (19)
le livre, book (I)
la livre, 500 grammes (1lb) (9)
loin de, far from (8)
Londres, London (7)
long(ue), long (9)
lourd(e), heavy (8)
lundi, Monday (3)
les lunettes (de soleil), (sun) glasses (20)
le lycée, grammar school (5)

madame, madam (1), Mrs (1
mademoiselle, Miss (1)
le magnétophone (à cassettes), cassette recorder (2)
mai, May (7)
le maillot de bain, swimsuit (2
la main, hand (15)
maintenant, now (8)
la mairie, town hall (14)
mais, but (1)
la maison, house (2)
le maître d'école, primary schoolmaster (8)
malade, ill (18)
maman, mum (I)
la Manche, the English Channe
manger, to eat (4)
la salle à — , dining room
manquer, to miss (14)
le manteau, coat (10)
le maquillage, make-up (9)
un(e) marchand(e) de glaces, ice-cream seller (13)
le marché, market (5)
marcher, to walk (9)
mardi, Tuesday (3)
mars, March (7)
maternelle, une école — , nursery school (5)
les mathématiques (*m*), maths (7
le matin, morning (4)
du — , in the morning, (4)
la matinée, morning (11)
meilleurs voeux, best wishes (
même, same (12)
le ménage, housework (16)
la menthe, mint (13)
le menton, chin (15)
merci, thank you (1)
mercredi, Wednesday (3)
la mère, mother (1)
la météo, weather forecast (15)
je mets, I put (on) (15)
mettre, to put on (19)
midi (*m*), noon (3)
le Midi de la France, the South France (15)
au milieu de, in the middle of (1
mille, a thousand (9)
minuit (*m*), midnight (3)
moins (vingt), (twenty) to (3)
le mois, month (7)
moment, à ce — , at this moment (6)
en ce — , at the moment (2
la monnaie, change (9)
monsieur, sir (1), Mr (I)
le — , gentleman (14)
monter, to go up (5)
la montre, watch (3)
montrer, to show (15)

le mouton, sheep (8)
le mur, wall (7)
la musique, music (7)

nager, to swim (16)
la nappe, tablecloth (3)
la natation, swimming (13)
naturel(le), natural (7)
ne . . . jamais, never (6)
il neige, it's snowing (15)
nettoyer, to clean (15)
neuf, nine (1)
neuf: neuve, new (10)
neuvième, ninth (9)
le nez, nose (15)
ni . . . ni, neither . . . nor (6)
Noël, Christmas (7)
joyeux —, Merry Christmas (7)
noir(e), black (8)
le nombre, number (2)
non, no (1)
le nord, north (15)
novembre, November (7)

occupé(e), busy (14)
octobre, October (7)
un oeil (*pl* **yeux**), eye (15)
un œuf, egg (9)
un oignon, onion (3)
on, one, we (17)
un oncle, uncle (15)
onze, eleven (1)
une oreille, ear (15)
où?, where? (1)
oublier, to forget (9)
l'ouest (*m*), west (15)
oui, yes (1)
un ours, bear (17)
ouvert(e), open (3)

le pain, bread (3)
le panier, basket (9)
le pantalon, trousers (10)
la pantoufle, slipper (10)
papa, dad (I)
le papier, paper (2)
le paquet, parcel (8), packet (9)
par le train, by train (11)
parce que, because (8)
le pardessus, overcoat (man's) (10)
pardon, excuse me (5)
paresseux: paresseuse, lazy (19)
le parfum, flavour (13)
parler, to talk, speak (5)
part, leave(s) (14)
pas encore, not yet (19)
passer, to pass (15), to spend (time) (16)
— une quinzaine, to spend a fortnight (20)
la pâtisserie, cake shop (12)
pauvre, poor (3)
payer, to pay (for) (9)
le pays, country (7)
le — de Galles, Wales (2)
la pêche, peach (3), fishing (13)
aller à la —, to go fishing (16)
le peigne, comb (20)
se peigner, to comb one's hair (19)
la pendule, clock (I)
le père, father (1)
la perruche, parrot (6)
petit(e), small (6)
un peu, a little (9)
peut-être, perhaps (16)
tu peux, you can (15)
la pièce, coin (9)
le pied, foot (11)
à —, on foot (11)
le pique-nique, picnic (13)
la piscine, swimming pool (7)
la pistache, pistachio (nut) (13)
le placard, cupboard (I)
la place, seat (3), square (5)
la plage, beach (20)
plaisanter, to joke (16)
le plan, street-map (5)
plein(e) (de), full (of) (9)
il pleut, it's raining (1)
la pluie, rain (15)
un jour de —, a rainy day (15)
plus, more (1)
ne . . . —, no more (12)
— tard, later (16)
poche, l'argent de —, pocket money (9)
la poire, pear (3)
le poisson rouge, goldfish (6)
la pomme, apple (3)
— de terre, potato (3)
un poney, poney (6)
la porte, door (I)
porter, to carry (8)
le porteur, porter (14)
poser, to put (on) (4)
la Poste, post office (5)
le poulet, chicken (3)
pour, for (3)
— aller à . . . ?, which is the way to . . . .? (14)
— cela, for that reason (6)
pourquoi?, why (6)
— (ne) pas . . . ?, why not . . . (17)
je préfère, I prefer (3)
préférer, to prefer (7)
premier: première, first (1)
prendre un bain, to have a bath (19)
prendre une douche, to have a shower (19)
prenez, take (5)
préparer, to prepare (4)
près de, near to (8)
presque, almost (12)
pressé(e), in a hurry (14)
prêt(e), ready (2)
primaire, primary (5)
le printemps, spring (10)
au —, in spring (10)
le prix, price (3)
le professeur, teacher (I)
le projecteur, projector (2)
une promenade, walk (16)
faire une —, to go for a walk (16)
les provisions (*f*), groceries (9)
puis, then, next (9)
le pyjama, pyjamas (10)

le quai, platform (14)
quand, when (9)
quarante, forty (2)
le quart, quarter (3)
quatorze, fourteen (2)
quatorzième, fourteenth (14)
quatre, four (1)
quatre-vingts, eighty (2)
quatre-vingt-dix, ninety (2)
quatrième, fourth (4)
que faire?, what shall (we) do? (15)
quel(le)?, which? (7)
— âge as-tu?, how old are you? (3)
quelque chose, something (4)
quelquefois, sometimes (12)
qui?, who? (I)
à qui est . . . ?, whose is . . . ? (16)
la quinzaine, fortnight (20)
quinze, fifteen (2)
quinziéme, fifteenth (15)
quoi encore? what else? (3)

raconter, to tell (19)
— des histoires, to tell lies (19)
ranger, to tidy (15)
se raser, to shave (19)
la récréation, break (7)
regarder, to look (at) (4)
la règle, ruler (I)
je regrette, I'm sorry (9)
remplir, to fill (12)
rencontrer, to meet (by chance) (5)
rendre visite à, to visit (20)
les renseignements (*m*), information (14)
rentrer, to return (11)
le repas, meal (19)
répéter, to repeat (I)
répondre, to reply, to answer (18)
se reposer, to rest (19)
rester, to stay, remain (13)
en retard, late (1)
retrouver, to meet (5)
se réveiller, to wake up (19)
au revoir, goodbye (1)
ne. . .rien, nothing (9)
la rivière, river (8)
la robe, dress (10)
rouge, red (8)
la route, road (8)
routière, la gare —, bus station (14)
la rue, street (2)

le sac, bag (12)
la sacoche, satchel, bag (8)
la Saint-Sylvestre, New Year's Eve (7)
sais, je ne — pas, I don't know (4)

la salle à manger, dining room (2)
la salle de bains, bathroom (2)
la salle de classe, classroom (I)
le salon, lounge, sitting room (2)
salut, hello (I)
samedi, Saturday (3)
sauf, except (15)
le savon, soap (20)
les sciences (*f*), science (7)
la séance, performance, show (3)
second(e), second (5)
seize, sixteen (2)
seizième, sixteenth (16)
le séjour, lounge, sitting room (2)
la semaine, week (3)
sept, seven (1)
septembre, September (7)
septième, seventh (7)
la serviette, towel (20)
seul(e), alone, only (13)
seulement, only (18)
si on allait . . , shall we go . . . (17)
s'il te plaît, please (I)
s'il vous plaît, please (1)
le singe, monkey (17)
une tête de — , monkey face (17)
le sirop, syrup, cordial (13)
sixième, sixth (5)
le ski, skiing (13)
le slip, pants (10)
le sucre, sugar (9)
la soeur, sister (1)
soif, avoir — , to be thirsty (13)
la sortie, exit (14)
le soir, evening (3)
du — , in the evening, (4)
sois sage!, be good! (4)
soixante, sixty (2)
soixante-dix, seventy (2)
le soleil, sun (13)
il fait du — , it's sunny (13)
la soupe, soup (3)
la souris, mouse (6)
sous, under (9)
souvent, often (12)
les sports (*m*), sport (7)
— équestres, riding (13)
la station balnéaire, sea-side resort (19)
le stylo, pen (I)
le sud, south (15)
la Suisse, Switzerland (7)
le supermarché, supermarket (5)
sur, on (2), about (14)
sûr, bien — , of course (5)
la surprise-partie, party (6)
le Syndicat d'Initiative, tourist information office (20)

tableau noir, blackboard (I)
la tante, aunt (6)
tant pis!, too bad! (12)
tard, late (11)
plus — , later (16)
la tasse, cup (4)
le temps, weather (15), time (12)
de — en — , from time to time, occasionally (12)
juste à — , just in time (5)
quel — fait-il?, what's the weather like? (15)
la tente, tent (8)
terminal(e), final (5)
la terrasse, terrace (19)
le tête, head (15)
une — de singe, monkey-face (17)
le thé, tea (9)
le théâtre, theatre (13)
le tigre, tiger (17)
le timbre, stamp (15)
toi, you (1)
les toilettes (*f*), public lavatories (14)
toilette, faire sa — , to have a wash (19)
la tomate, tomato (3)
tomber, to fall (6)
la tortue, tortoise (6)
espèce de — , slowcoach (19)
toucher, to touch (15)
toujours, still (2)
comme — , as usual (1)
tourner, to turn (5)
tout, all (7), quite (17)
— à l'heure, shortly (20)
à — à l'heure, see you soon (11)
— de suite, immediately (19)
— droit, straight on (5)
— le monde, everyone (I)
à toute vitesse, at full speed (4)
le travail, work (11)
travailler, to work (6)
treize, thirteen, (2)
treizième, thirteenth (13)
trente, thirty (2)
très, very (8)
trois, three (1)
troisième, third (3)
trop de, too much, too many (11)
— tard, too late (5)
trouver, to find (4)

un(e), one (1)

les vacances (*f*), holidays (5)
bonnes — , have a good holiday! (20)
les grandes — , summer holidays (20)
la vache, cow (8)
la vaisselle, washing up (16)
faire la — , to do the washing up (16)
la valise, suitcase (14)
la vanille, vanilla (13)
va-t'en!, go away! (6)
la veille, eve (7)
le vélo, cycle (11)
le vélomoteur, moped (11)
vendre, to sell (18)
la vendeuse, shop assistant (12)
vendredi, Friday (3)
le — , on Fridays (12)
venir, to come (11)
le vent, wind (15)
il fait du — , it's windy (15)
dans le — , up to date, fashionable (10)
le verre, glass (3)
vers, about (11)
vert(e), green (8)
la veste, jacket (10)
les vêtements (*m*), clothes (9)
tu veux, you want (to) (15)
tu viens?, are you coming? (11)
vieux: vieille, old (14)
vieux jeu, old-fashioned (10)
la ville, town (5)
en — , to town (11)
le vin, wine (3)
vingt, twenty (2)
le visage, face (15)
la visite, visit (20)
rendre — à, to visit (20)
vite, quickly (2)
vitesse, à toute — , at full speed (4)
voeux, meilleurs — , best wishes (7)
voici, here is, here are (1)
voilà, there is, there are (2)
voir, to see (17)
voisin(e), neighbouring (7)
la voiture, car (10)
je voudrais, I'd like (6)
bon voyage!, have a good trip! (2
le voyageur, traveller (14)
vrai(e), true (4), real (17)

y, there (11)
il y a, there is, there are (3)
les yeux (*m*), eyes (15)

le zèbre, zebra (17)